Berlin und die Mark Brandenburg

Das vorliegende Buch wurde gefördert durch das Ministerium für Wissenschaft, Forschung und Kultur des Landes Brandenburg

Berlin und die Mark Brandenburg

Ein Fontane-Brevier
mit Farbaufnahmen von Rudolf Hacke
(1913)

Band 1
Herausgegeben von Peter Walther
Märkische Dichterlandschaft

vacat verlag

Inhaltsverzeichnis

Lagow

heute lieber ein Wort über »reisen in der Mark«.

Ob du reisen sollst, so fragst du, reisen in der *Mark*? Die Antwort auf diese Frage ist nicht eben leicht. Und doch würd es gerade mir nicht anstehn, sie zu umgehen oder wohl gar ein »nein« zu sagen. So denn also »ja«. Aber »ja« unter Vorbedingungen. Laß mich Punkt für Punkt aufzählen, was ich für unerläßlich halte.

Wer in der Mark reisen will, der muß zunächst Liebe zu »Land und Leuten« mitbringen, mindestens keine Voreingenommenheit. Er muß den guten Willen haben, das Gute gut zu finden, anstatt es durch krittliche Vergleiche totzumachen.

Der Reisende in der Mark muß sich ferner mit einer feineren Art von *Natur-* und *Landschaftssinn* ausgerüstet fühlen. Es gibt gröbliche Augen, die gleich einen Gletscher oder Meeressturm verlangen, um befriedigt zu sein. Diese mögen zu Hause bleiben. Es ist mit der märkischen Natur wie mit manchen Frauen. »Auch die häßlichste« – sagt das Sprichwort – »hat immer noch sieben Schönheiten.« Ganz so ist es mit dem »Lande zwischen Oder und Elbe«; wenige Punkte sind so arm, daß sie nicht auch ihre sieben Schönheiten hätten. Man muß sie nur zu finden verstehn. Wer das Auge dafür hat, der wag es und reise.

Drittens. Wenn du reisen willst, mußt du die *Geschichte* dieses Landes *kennen* und *lieben*. Dies ist ganz unerläßlich. Wer nach Küstrin kommt und einfach das alte graugelbe Schloß sieht, das, hinter Bastion Brandenburg, mehr häßlich als gespensterhaft aufragt, wird es für ein Landarmenhaus halten und entweder gleichgültig oder wohl gar in ästhetischem Mißbehagen an ihm vorübergehn; wer aber weiß: »hier fiel Kattes Haupt; an diesem Fenster stand der Kronprinz«, der sieht den alten unschönen Bau mit andern Augen an. – So überall. Wer, unvertraut mit den Großtaten unserer Geschichte, zwischen Linum und Hakenberg hinfährt, rechts das Luch, links ein paar Sandhügel, der wird sich die Schirmmütze übers Gesicht ziehn und in der Wagenecke zu nicken suchen; wer aber weiß, hier fiel Froben, hier wurde das Regiment Dalwigk in Stücke gehauen, dies ist das Schlachtfeld von Fehrbellin, der wird sich aufrichten im Wagen und Luch und Heide plötzlich wie in wunderbarer Beleuchtung sehn.

Viertens. Du mußt nicht allzusehr durch den Komfort der »großen Touren« verwöhnt und verweichlicht sein. Es wird einem selten das Schlimmste zugemutet, aber es kommt doch vor, und keine Lokalkenntnis, keine Reiseerfahrung reichen aus, dich im *voraus* wissen zu lassen, wo es vorkommen wird und wo nicht. Zustände von Armut und Verwahrlosung schieben sich in die Zustände modernen Kulturlebens ein, und während du eben noch im Lande Teltow das beste Lager fandest, findest du vielleicht im »Schenkenländchen« eine Lagerstätte, die alle Mängel und Schrecknisse, deren Bett und Linnen überhaupt fähig sind, in sich vereinigt. Regeln sind nicht zu geben, Sicherheitsmaßregeln nicht zu treffen. Wo es gut sein könnte, da triffst du es vielleicht schlecht, und wo du das Kümmerlichste erwartest, überraschen dich Luxus und Behaglichkeit.

Fünftens und letztens. Wenn du das Wagstück wagen willst – »füll deinen Beutel mit Geld«. Reisen in der Mark ist alles andre eher als billig. Glaube nicht, weil du die Preise kennst, die Sprache sprichst und sicher bist vor Kellner und Vetturinen, daß du sparen kannst; glaube vor allem nicht, daß du es *deshalb* kannst, »weil ja alles so nahe liegt«. Die Nähe tut es nicht. In vielen bereisten Ländern kann man billig reisen, wenn man anspruchslos ist; in der Mark kannst du es nicht, wenn du nicht das Glück hast, zu den »Dauerläufern« zu gehören. Ist dies nicht der Fall, ist dir der *Wagen* ein unabweisliches Wanderungsbedürfnis, so gib es auf, für ein Billiges deine märkische Tour machen zu wollen. Eisenbahnen, wenn du »ins Land« willst, sind in den wenigsten Fällen nutzbar; also – Fuhrwerk. Fuhrwerk aber ist teuer. Man merkt dir bald an, daß du fort willst oder wohl gar fort mußt, und die märkische Art ist nicht so alles Kaufmännischen bar und bloß, daß sie daraus nicht Vorteil ziehen sollte. Wohlan denn, es kann dir passieren, daß du, um von Fürstenwalde nach Buckow oder von Buckow nach Werneuchen zu kommen, mehr zahlen mußt als für eine Fahrt nach Dresden hin und zurück. Nimmst du Anstoß an solchen Preisen und Ärgernissen – so bleibe zu Haus.

Hast du nun aber alle diese Punkte reiflich erwogen, hast du, wie die Engländer sagen, »deine Seele fertig gemacht« und bist du zu dem Resultate gekommen: »Ich *kann* es wagen«, nun denn, so wag es getrost. Wag es getrost, und du wirst es nicht bereuen. Eigentümliche Freuden und Genüsse werden dich begleiten. Du wirst Entdeckungen machen, denn überall, wohin du kommst, wirst du, vom Touristenstandpunkt aus, eintreten wie in »jungfräuliches Land«. Du wirst Klosterruinen begegnen, von deren Existenz höchstens die nächste Stadt eine leise Kenntnis hatte; du wirst inmitten alter Dorfkirchen, de ren zerbröckelter Schindelturm nur auf Elend deutete, große Wandbilder oder in den treppenlosen Grüften reiche Kupfersärge mit Kruzifix und vergoldeten Wappenschildern finden; du wirst Schlachtfelder überschreiten, Wendenkirchhöfe, Heidengräber, von denen die Menschen nichts mehr wissen, und statt der Nachschlagebuchs- und Allerweltsgeschichten werden Sagen und Legenden und hier und da selbst die Bruchstücke verklungener Lieder zu dir sprechen. Das Beste aber, dem du begegnen wirst, das werden die Menschen sein, vorausgesetzt, daß du dich darauf verstehst, das rechte Wort für den »gemeinen Mann« zu finden. Verschmähe nicht den Strohsack neben dem Kutscher, laß dir erzählen von ihm, von seinem Haus und Hof, von seiner Stadt oder seinem Dorf, von seiner Soldaten- oder seiner Wanderzeit, und sein Geplauder wird dich mit dem Zauber des Natürlichen und Lebendigen umspannen. Du wirst, wenn du heimkehrst, nichts Auswendiggelerntes gehört haben wie auf den großen Touren, wo alles seine Taxe hat; der Mensch selber aber wird sich vor dir erschlossen haben. Und das bleibt doch immer das Beste.

Berlin, im August 1864

Das im Februar 1944 ausgebrannte und 1950 abgebrochene Berliner Stadtschloß

Die Märker und die Berliner und wie sich das Berlinertum entwickelte

I

Die Märker haben viele Tugenden, wenn auch nicht voll so viele, wie sie sich einbilden, was durchaus gesagt werden muß, da jeder Märker ziemlich ernsthaft glaubt, daß Gott in ihm und seinesgleichen etwas ganz Besonderes geschaffen habe. So schlimm ist es nun nicht. Die Märker sind gesunden Geistes und unbestechlichen Gefühls, nüchtern, charaktervoll und anstellig, anstellig auch in Kunst, Wissenschaft und Religion, aber sie sind ohne rechte Begeisterungsfähigkeit und vor allem ohne rechte Liebenswürdigkeit. Auch ohne Stammesgenie; – die Schwaben und Rheinländer haben entschieden mehr davon. Und was nun die vielzitierten militärischen Tugenden angeht, so mag ich über diese, die ja zweifellos existieren, nicht immer wieder wie über etwas einzig Dastehendes sprechen. Alle Stämme haben gute Soldaten und auch nicht, je nachdem. Man muß viel alte Militärs kennengelernt und ihren vertraulichen Mitteilungen gelauscht haben, um mit der Legende von der grenzenlosen Tapferkeit irgendwelches Komplexes von Menschen ein für allemal fertig zu sein. Wär auch unnatürlich, wenn es anders wäre. Die Märker haben viel Pflichtgefühl und verstehen zu gehorchen und zu befehlen, und das ist besser als der »*Mut ohne Ende*«. Das Pflichtgefühl der Märker, ihr Lerntrieb, ihr Ordnungssinn, ihre Sparsamkeit – das ist ihr Bestes. Und das sind die Eigenschaften, wodurch sie's zu was gebracht haben. Im übrigen sind sie neidisch, schabernackisch und engherzig und haben in hervorragender Weise den ridikülen Zug, alles, was sie besitzen oder leisten, für etwas ganz Ungeheures anzusehen. Eine natürliche Folge früherer Ärmlichkeit, wo das Kleinste für wertvoll galt. Es gibt in der Mark bis diesen Tag zahllose Leute, die mit ihren 100 000 Mark ganz aufrichtig glauben, »*sie kämen gleich nach Gould oder Vanderbilt*«. Was aber auch nicht ganz richtig ist, wenigstens nicht im Ausdruck, weil der echte Märker weder Gould noch Vanderbilt kennt, sondern alle Größen, wenn er vergleichen will, aus seiner eigenen Provinz und am liebsten aus seinem Kreise nimmt. Ja, es sind tüchtige, aber eingeengte Leute. Wenn sie einem eine Tasse Kaffe präsentieren, so rechnen sie sich's an, nicht dem, der den Mut hat, diesen Kaffe zu trinken, und gab es gar noch eine geschmierte Seinmel dazu, so wird es als ein ›Mahl‹* angesehen, das Anspruch darauf hat, in die Stadt- und Dorfchronik eingezeichnet zu werden.

Nach dieser Seite hin hat Baron von Seld, der bekannte Temperenzapostel, die Märker am treffendsten geschildert.

Dieser (Baron Seld) war einmal einen Winter lang auf einem sogenannten märkischen ›Schloß‹ zu Besuch, und weil ihm (er hatte viel Zeit) zu Ohren kam, die Krügersfrau wolle, nächste Ostern, ihren Jungen auf die Stadtschule schicken, so bot er sich an, den Jungen dazu vorzubereiten. Er gab ihm täglich zwei Stunden, von zehn bis zwölf. Das ging so monatelang. Eines Tages trat die Krugwirtin um elf ins Zimmer und brachte Herrn von Seld ein Ei zum Frühstück. Es war so klein, daß er nicht wußte, ob es ein Hühner- oder Taubenei sei; er dankte indes und aß es. Sieben Jahre später, der Junge war schon lange wieder von der Schule herunter, begegnete Baron Seld, und zwar in Berlin in der Leipziger Straße, der Krugwirtin, die nun mit jener naiven Ungeniertheit, die ebenfalls zu den charakteristisch märkischen Zügen gehört, auf ihn zutrat und ihm ihre Patsche reichte. Fing auch sofort an zu sprechen. Wovon sie aber sprach, das war weder der Junge noch der Unterricht, den Baron Seld dem Jungen aus gutem Herzen gegeben, sondern war das Ei. »*Wissen Sie wohl noch, Herr Baron, wie ich Ihnen damals das Ei brachte?*«

Die häßlich egoistische Seite des märkischen Wesens, der eitle Glaube, mit dem Kleinsten etwas Großes getan zu haben, ist nie besser geschildert worden.

*) Auch in Berlin, sosehr es sich von dem spezifisch Märkischen im Laufe der Zeit entfernt hat, kommen immer noch Dinge vor, die dem vorstehenden in Kleinlichkeit und Enge durchaus entsprechen. Ein Oberprimaner, Sohn wohlhabender Eltern, der sich zum Abiturientenexamen vorbereitete, lud zwei Kameraden ein, mit denen er gemeinschaftlich arbeiten wollte. Dabei tranken sie drei ›Weiße‹, was den Vater, als er am andern Tag die Flaschen sah, zu der Bemerkung veranlaßte: er verbäte sich solche ›Bacchanale‹ ein für allemal.

Motiv aus dem Berliner Tiergarten

II

So sind die Märker in Gutem und Nicht-Gutem, und ein paar Jahrhunderte zurück waren die Berliner ebenso. Berlin mit seiner von jenseits der Elbe, Weser und Rhein eingewanderten Bevölkerung, in der das Niedersächsische vorherrschte, war noch eine rein märkische Stadt, die sich, natürlich mit Ausnahme des Hofes, von den kleinen und Mittelstädten in Prignitz, Ruppin und Havelland nur wenig unterschied. Nichts ist beispielsweis überliefert worden, woraus man schließen könnte, daß beim Regierungsantritte George Wilhelms (1620), oder auch später noch, etwas von dem dagewesen wäre, was dem heutigen Berliner eine so bestimmte Physiognomie gibt. Berlin war in der zweiten Hälfte des 17. Jahrhunderts noch durchaus unberlinisch (schon die Schärfe der damaligen konfessionellen, aller Lachlust und Leichtlebigkeit sehr ungünstigen Kontroverse sorgte dafür) und war auch noch unberlinisch während des Großen Kurfürsten letzter Regierungsjahre.

Da kamen 1685 die Refugiés ins Land, und zu den 8 oder 10 000 alten Berlinern gesellten sich auf einen Schlag 5 000 Franzosen, woraus es sich erklären mag, daß, seitens so vieler Beurteiler, von dieser großen Einwanderung her (jeder dritte Mensch war ein Franzose) die Wandlung in dem geistigen Leben Berlins gerechnet und ein Uranfang des modernen Berlinertums angenommen wird. Nach dem Maße meiner Kenntnis aber durchaus mit Unrecht.

Die große Bedeutung der französischen Einwanderung von 1685 ist unbestreitbar und unbestreitbar auch, daß sie sich zum Segen für Stadt und Land gestaltete. Die Refugiés waren Muster von Loyalität, ohne je servil zu werden, und gaben ein gutes Beispiel nach mehr als einer Seite hin. Aber der ›richtige Berliner‹ stammt nicht von ihnen her, kann nicht von ihnen herstammen. Alles, was damals aus Frankreich kam, waren keine parisischen, sondern puritanische Leute, steif, ernsthaft, ehrpußlig, was sie vielfach bis auf diesen Tag geblieben sind. Ihr Haupteinfluß, neben feineren Umgangsformen, für die sie das Vorbild gaben, war ein gewerblicher; sie führten vieles ein, was bis dahin gar nicht da war, und anderes hoben sie durch ihre Geschicklichkeit und ihren Geschmack auf eine höhere Stufe. Die Vornehmeren, deren es auch eine beträchtliche Zahl gab, legitimierten sich auf geistigen Gebieten, und einige, wie Jordan, Erman, Fouqué, Forcade, Ancillon, Lecoq, Lancizolle und Michelet, spielten als Lehrer und Kanzelredner, als Militärs, Juristen und Staatsmänner eine Rolle. Dazu kamen Baumeister und Dichter wie Gontard und der jüngere Fouqué, Enkel des Generals. Aber keiner ist unter ihnen, von dem sich sa-

Schloß Wiesenburg im Fläming

gen ließe, daß er an Herstellung des spezifisch berlinischen Geistes mitgearbeitet hätte. Ja, die meisten würden dagegen protestieren. Und nach meinen persönlichen Erfahrungen auch mit vollstem Recht.

Seit nahezu sechzig Jahren bin ich in der Lage gewesen, ›Kolonisten‹ kennenzulernen, von jenen frühen Tagen an, wo ich mit jungen Leuten aus den alten Koloniefamilien, mit Jordans, Devarannes, Chartons, Briets, Sarres, erst auf der Schul- und dann auf der Konfirmandenbank saß. Alle waren sehr wohlerzogen und einige sehr gescheit, aber ohne jede Spur von ›Berliner Geist‹, trotzdem wir doch damals (Mitte der dreißiger Jahre) bereits in einer Zeit standen, wo dieser Berliner Geist da war und von den obengenannten jungen Leuten, bei gutem Willen und Beanlagung dafür, wenigstens angenommen werden konnte. Sie standen aber der Sache so total fremd gegenüber, daß sie nicht einmal die An- und Aufnahmefähigkeit dafür besaßen.

Und so waren alle Kolonisten und sind es geblieben. Natürlich wird es heutigen Tages auch Ausnahmen geben, wie, kurz zurückliegend, Faucher und St. Paul, aber nicht allzu viele. Man nehme nur die Berliner Koloniegeistlichen seit sechzig Jahren: Palmié, Théremin (am Dom), Saunier, Souchon, Henri, Barthélemy, Cazalet, Doyé, Tournier, Fournier. Stöcker und Kögel, trotzdem ihre Wiege weitab von Berlin stand, haben mehr Berlinertum als alle die Genannten zusammengenommen. Fournier galt für einen ausgesprochenen Berliner, aber er war's doch nur in dem Sinne, daß er Berliner Leben und Gesellschaft wundervoll kannte. Sonst war er in Haltung und Vortrag ein genferischer Professor: von Berlinertum nichts oder doch nur wenig.

Brandenburg / Havel. Klosterkirche St. Pauli

Kiefern im Grunewald

III

Also die Kolonisten waren es nicht. Aber wenn es die Kolonisten nicht waren, wer war es denn? Und hierauf möcht ich antworten dürfen: Das Berlinische wurde doch schließlich zu großem und jedenfalls zu bestem Teil aus dem spezifisch Märkischen heraus geboren, wenn auch erst sehr allmählich und auf einem weiten Umwege.

Die frühsten Anfänge gehen bis auf die Zeit unter König Friedrich I. zurück, bis auf die philosophische Königin, die nicht bloß philosophisch, sondern, ihrer märkischen Umgebung vorauseilend, auch sehr witzig* war, gehen zurück bis auf das Kolbe-Wartenbergsche Haus, darin namentlich die Frau etwas von einem Kraftgenie hatte. Damals fing es an, um sich dann, unter des ersten Königs Nachfolger, rasch weiterzuentwickeln. Dieser (Friedrich Wilhelm I.) versicherte freilich bei jeder Gelegenheit, »daß er ein gut holländisch Herz habe«, was einem Protest gegen das Französische, will sagen gegen das Espritvolle ziemlich gleichkam, aber dafür desto besser zu dem im niederdeutschen Wesen tief begründeten Till-Eulenspiegeltum paßte, das alsbald in seinen unter dem Zeichen der holländischen Tonpfeife stehenden Versammlungen zum Ausdruck kam, also in seinem Tabakskollegium, das nun eine Schule der Schlagfertigkeit und Geistesgegenwart und dadurch zur ersten Grundlage des Berlinertums wurde. So daß die Geburtsstätte dieses Berlinertums eigentlich auch wieder in Potsdam zu suchen ist, in Potsdam, aus dem schließlich alles stammt oder doch das meiste.

Das Tabakskollegium war nach einer bestimmten Seite hin nichts als eine Wiederbelebung des Hofnarrentums einer früheren Epoche, zugleich aber war es etwas durchaus andres, was in der eigenartigen, alle Klassen der Gesellschaft (das Bürgertum als solches zählte noch nicht mit) umfassenden Zusammensetzung dieses Konviviums lag. Eine Welt Shakespearescher Figuren war darin vertreten, am wenigsten vielleicht der ›Narr‹, gleichviel ob wir den Learschen mit seinen geistreichen Unverständlichkeiten oder den italienischen in *Was ihr wollt* im Auge haben, wogegen sich Falstaff, Polonius und Kent am stärksten vertreten fanden. Es genügt, unter vielen ihnen gleich oder ähnlich gearteten Personen wie Faßmann, Gundling, Grumbkow, Pannewitz und Leopold von Dessau zu nennen, um zu wissen, wie sich die Rollen ungefähr verteilten. Der Ton, in dem alle diese sprachen, drang auch nach außen und übte da seine Macht, die Hauptsache blieb aber doch der König selbst, der an Originalität und deshalb an Einwirkung auf die Volksseele seiner Umgebung weit überlegen war, was in jedem seiner intimen

Gespräche, vor allem aber in seinen großen Regierungsakten, in seinen von ihm persönlich redigierten Erlassen zum Ausdruck kam. »*Seine Königliche Majestät sind in der Jugend auch durch die Schule geloffen und haben das lateinische Sprichwort gelernt: Fiat justitia et pereat mundus. Also wollen Sie hiermit, daß der Katte mit dem Schwerte vom Leben zum Tode gebracht werden solle. Wenn das Kriegsrecht aber dem Katte die Sentenz publiziert, so soll ihm gesagt werden, daß es Seiner Königlichen Majestät leid täte, daß es aber besser sei, daß er stürbe, als daß die Justiz aus der Welt käme*« – ein Cabinetserlaß** ohnegleichen, aus dem ich hier zitiere, nicht bloß um seines historischen Gehalts, sondern vorwiegend um seine Ausdrucks willen, als eine merkwürdige Stilprobe voll dämonischen Humors, der, in seiner phrasenlosen Kerngesundheit, für alles, auch für Leben und Sterben, einen freien, darüberstehenden und an das Rechtsgefühl des Verurteilten appellierenden Ausdruck hat. Ich frage jeden, der neben den bedenklichen auch die guten Seiten des Berlinertums kennt, ob er in dem hier gegebenen Zitate nicht etwas Vorbildliches für das findet, was diese guten Seiten ausmacht?

*) Noch kurz vor ihrem Tode soll Sophie Charlotte gesagt haben: »*Ich sterbe nun also und tue damit alles, was ich für Seine Majestät zu tun imstande bin, indem ich ihn nicht bloß von einem Druck befreie, den er in meiner Gegenwart immer empfand, sondern ihm auch Gelegenheit zu einem ›pomphaften Begräbnis‹ gebe, was für ihn, bei dem Geschmacke, den er nun einmal hat, immer das Wichtigste bleibt.*«

**) In diesem königlichen Erlasse, der, in seiner äußersten Strenge, doch noch immer einen echt und schön menschlichen Ton anschlägt, tritt uns, neben vielem anderen, auch ein Etwas in wundervoller Ausgesprochenheit entgegen, auf das ich hier noch eigens hinweisen möchte: der persönliche Stempel, den die Hohenzollern-Könige, fast ausnahmslos, ihren »*Ordres*« zu geben gewußt haben. Andre Könige haben meist etwas Abstraktes und sind bloße Träger des Königtums an sich. Die Hohenzollern aber sind in erster Reihe allemal Menschen und erst in zweiter Reihe Spezial- und Obermenschen mit Königspflichten. Ihre Persönlichkeit geben sie nicht auf. Deshalb ist denn auch alles voll Leben und Interesse, selbst bei solchen, die nicht allzu populär waren, wie beispielsweise bei Friedrich Wilhelm IV.

Schloß Sanssouci mit dem Reiterstandbild Friedrichs des Großen

IV

Die Vertrauten aus dem Tabakskollegium – sie bildeten, zu nicht geringem Teil, das Armee- und Regierungsmaterial, das Friedrich der Große 1740 vorfand, energische, lebenslustige Herren mit Pontacnasen (man sehe nur ihre Bilder in den Galerien) und einer ganz eigentümlichen Seelenverfassung, von der man vielleicht sagen konnte:

Klug auf der Hut
Und immer voll Mut.

Jeder kannte die Gefahr, in der er stand, und ging ihr nach Möglichkeit aus dem Wege, sobald aber Pflicht und Ehre das Gegenteil forderten, war ihnen eine Widerstandskraft eigen, nach der man heutzutage vergeblich suchen würde. Sie hingen an Vermögen, Stellung und Einfluß und waren doch auch wieder, in richtiger Taxierung alles Irdischen, von der ›Wurstigkeit‹ aller dieser Dinge tief durchdrungen. Etwas Bismarcksches, in Erscheinung, Anschauung und Lebensweise, war ihnen eigen, und das neuste Kanzlerwort: »*Sei mäßig in der Arbeit, mäßig im Essen und mitunter auch im Trinken*«, war recht eigentlich der Bannerspruch, unter dem die damaligen Paladine kämpften und siegten. Es herrschte jene merkwürdige Freiheit, die, nach der Lehre vom Druck und Gegendruck, unter dem Absolutismus am besten zu gedeihen scheint. Ausgesprochene Charaktere, das Individuum in Blüte.

So war, um es zu wiederholen, das Material, das Friedrich der Große vom Vater her übernahm und das, bis zum Siebenjährigen Kriege, ziemlich unverändert dasselbe blieb, auch bleiben mußte, weil der Sohn in der einen Hälfte seiner Doppelnatur sehr viel Ähnlichkeit mit dem Vater hatte. Ganz zuletzt erst, als Voltaire nicht mehr bloß persönlicher Gast in Sanssouci, sondern die geistig bestimmende Macht in den Köpfen des märkischen Adels und der zu Hofe gehenden Generäle geworden war, vollzog sich der Umschwung, und dieselben Kreise, die bis 1740 Repräsentanten der ausgelassensten Till-Eulenspiegelei, des ›bon sens‹ und der ›practical jokes‹ gewesen waren, dieselben Kreise wurden jetzt Repräsentanten des Witzes, der Pointe, der Antithese. Vor allem des Reparti. Die vornehme Welt, bis dahin im wesentlichen tot für Kunst und Dichtung, war in weniger als einem Menschenalter literarisch geworden, und zwar in einem Grade, wovon sich nur der eine richtige Vorstellung machen kann, der auf unseren alten Edelhöfen über und über verstaubten und wurmzernagten Bibliothekschätzen aus der Friderizianischen Zeit begegnet ist, Büchermassen, um die sich heute niemand mehr kümmert. Aus der Epoche des glücklichsten und gelegentlich auch übermütigsten Humors war man in die der Geistreichigkeit getreten, und alles durfte gewagt werden, wenn das ›Reparti‹ witzig war. »*Wieviel hat Er denn eigentlich aus der Hubertsburger Plünderung herausgeschlagen?*« fragte der König, über die Tafel hin, einen seiner alten Generäle. »*Das müssen Majestät am besten wissen; wir haben ja geteilt.*« In ähnlichen Wendungen ging vielfach die Tischunterhaltung, und wer Esprit hatte, war schon dadurch gefeit.

Der Ton auf Sanssouci während der zweiten Hälfte des Friderizianischen Regierung war die literarisch verfeinerte Fortsetzung des Tons im Tabakskollegium, und mit Hülfe dieser auf das Pointierte gestellten Sanssouci-Sprache war man, so möcht ich sagen dürfen, dem ›Berlinischen‹ abermals um einen guten Schritt näher gerückt. Aber freilich, diese pointierte Sanssouci-Sprache war immerhin nur die Sprache bestimmter Gesellschaftsschichten, deren Verbindung mit dem eigentlichen Volke gering war, und wenn sich's, um ebendiese Zeit, auch in diesem letzteren bereits witzig zu regen begann, so konnte dies nur, wenn überhaupt, in einem losen Zusammenhange mit dem Hof- und höheren Gesellschaftsleben stehen und mußte noch andere Quellen haben.

Und in der Tat, diese anderen Quellen waren vorhanden und fanden sich vor allem in der Friderizianischen Armee, besonders in den potsdam-berlinischen Elitetruppen.

Außer dem, was der ›Kanton‹ hergab, fanden sich in der Armee die wunderlichsten Existenzen zusammen; alle Sprachen wurden gesprochen, und das preußische Werbesystem, das sich über halb Europa hin ausdehnte, stellte nicht bloß verlorene, sondern oft auch, soweit Moral mitsprach, durchaus unanfechtbare und nur leider vom Unglück verfolgte Genies unter die Fahne. Nun standen sie in Reih und Glied, in vielen Stücken bevorzugt, aber doch immer noch einer eisernen Disziplin unterworfen, und bildeten jenen merkwürdigen Geist einerseits militärisch-friderizianischen Selbstgefühls, andererseits innerster Auflehnung aus, einer gedanklichen Opposition, die vor nichts und niemandem zurückschreckte. So verging ihr Leben. Alt geworden, traten sie dann in die bürgerliche Gesellschaft zurück, um nun in dieser, so gut es ging, ihr Dasein zu fristen, als Lohndiener und Tafeldecker, als Schreib- und Sprachlehrer, als Teppichflechter und Stiefelputzer. Das waren die Leute, die, nach einer ganz bestimmten, und zwar im wesentlichen immer Kritik übenden Seite hin, die Lehrmeister des Berliner Volkes wurden, die den König heut in den Himmel hoben und morgen das fabelhaft Tollste von ihm aussagten, alles in einer zynisch rücksichtslosen Sprache, die bei dem Rest höherer Bildung, der vielen unter ihnen verblieben war, oft einer allerwitzigsten Zuspitzung nicht entbehrte. Diese zu Spießbürgern umgemodelten Friderizianischen Grenadiere waren es, die den berlinischen Raisoniercharakter und vor allem auch den alsbald von alt und jung begierig angenommenen berlinischen Ausdruck für dies Raisonnement schufen. Ein Umwandlungsprozeß, der bald nach dem Siebenjährigen Kriege seinen Anfang nahm und sich derartig rasch entwickelte, daß, als der große König seinen stillen Platz unter der Kanzel der Potsdamer Garnisonkirche bezog, der erste Berliner Schusterjunge bereits geboren war.

V

So stand es in der Oberschicht bei Hof und Adel, und so stand es unten beim Volk und Kleinbürger. Aber es gab auch eine breite Mittelschicht, und die Frage will beantwortet sein, wie stand es mit dieser? wie stand es mit dem gebildeten Bürgertum.

Nun, in dieser Mittelschicht des gebildeten Bürgertums hatte sich, während der letzten Begierungsjahre des großen Königs, die Wandlung vielleicht am gründlichsten vollzogen, weil sie hier nicht aus der Berührung mit einzelnen Persönlichkeiten resultierte, sondern fast ausschließlich literarisch vermittelt wurde. Nun ist es zwar zweifellos, daß epochemachende Persönlichkeiten eine große Wirkung auch nach der geistigen Seite hin ausüben, in Ton und Anschauung; aber epochemachende Bücher sind ihnen in diesem Punkte doch meist voraus, besonders was die Nachhaltigkeit der Wirkung angeht. Und ein solches epochemachendes Buch wurde denn auch dem gebildeten bürgerlichen Berlin am Ende der Friderizianischen Zeit geboten, und zwar in Lessings *Nathan*. Ob dies Buch, mit seinem Evangelium der Aufklärung und religiösen Gleichberechtigung, ein Segen oder ein Unsegen, ein Fortschritt oder ein Rückschritt war, darauf geh ich hier nicht ein, und zwar um so weniger, als diese Frage zu dem Zwecke dieses Aufsatzes in keiner Beziehung steht. Mir genügt die Tatsache, daß der *Nathan* erschien. Daß dieses Buch in das märkisch-berlinische Volk, damals oder später, eingedrungen sei, wird sich nicht be-

Eingang zum Park Sanssouci

haupten lassen; desto größer war seine Wirkung auf die gebildete berlinische Mittelklasse, ganz besonders auf bestimmte Kreise derselben. Es war nun mit einem Male das da, was man den berlinisch-jüdischen Geist nennen kann; ja, der Geist war da, daraus das Buch hervorgegangen und den es andererseits nun weiter pflegte. Vielfache Wandlungen (auch Eroberungen, die von ihm ausgingen) standen diesem Geiste noch bevor, trotzdem wird sich sagen lassen, daß der berlinisch-jüdische Geist eben damals, in seinen vergleichsweisen Anfängen, seine feinste Form und seine höchste gesellschaftliche Geltung hatte. Die zwanzig Jahre später fallende, speziell auch nach der kulturhistorischen Seite hin ihren hohen Wert habende Korrespondenz zwischen Rahel Levin und Alexander von der Marwitz war ein letzter Ausläufer dieser durch Lessings *Nathan* eingeleiteten Aufklärungs- und religiösen Gleichberechtigungsepoche, wie sie (die Korrespondenz) andererseits ein Vorläufer der Nivellierungsepoche war, die kam.

Ja, *Nathan* war ein die Richtung des berlinischen Geistes, wenn auch zunächst nur in der Mittelschicht der Bevölkerung bestimmendes Buch, ein Buch, zu dem wir, was Einwirkung angeht, seit jener Zeit nur zwei Seitenstücke gehabt haben: Strauß' *Leben Jesu* seinem Inhalt und Goethes *Faust* sowohl seinem Inhalt wie seiner Form nach. Andere literarische Beeinflussungen liefen nebenher, aber sie lagen doch mehr nach der künstlerisch-ästhetischen Seite hin, und die Gedanken (im Gegensatz zu Gefühl und Phantasie) wurden selbst durch Schiller, so gern man aus ihm zitierte, vergleichsweise wenig beeinflußt. Noch geringer war der Einfluß der Französischen Revolution. Man war in eignen Strebungen und Wünschen noch zu weit ab davon und sah in dem großen Drama jenseits des Rheins eben nur ein »Schauspiel«, dem man mit wechselnden Empfindungen folgte, zunächst mit Entzücken und dann mit Empörung. Man hatte sechsundvierzig Jahre lang den für alles Sorge tragenden großen König gehabt, und so war denn, mit verschwindenden Ausnahmen, nicht einmal das Bedürfnis nach einem freieren Volksleben vorhanden. Das geistige Bedürfnis, das da war, beschränkte sich auf innerlich raisonieren können. Negation, Kritik, Schabernack und – gelegentlich ein Witz.

VI

So kamen die letzten Jahre des Jahrhunderts, und als Friedrich Wilhelm II. starb, existierte, so wenig politische Freiheit da war oder, wie schon hervorgehoben, auch nur ersehnt wurde, doch bereits viel von dem, was wir heutigen Tages unter »Berlinertum« verstehen. Aber es war noch dreigeteilt, und bei viel Verwandtschaft der Teile mit- und untereinander zeigte sich trotzdem eine große Verschiedenheit in der Anschauung der Dinge. Noch waren keine Schlag- und Witzworte da, die vom Thron bis zur Hütte gingen; man sprach noch sozusagen in drei Sprachen; es fehlte noch die Verschmelzung.

Aber auch diese kam, und zwar kam sie mit und unmittelbar nach Jena. Was die herüberklingende Revolution nicht vermocht hatte, die Herstellung eines bis dahin ungekannten Volkstums, das vermochte nun die gemeinsame Not, und der Aufruf vom Frühjahr 1813, der sich an alle Klassen und Stände richtete, riß mit einem Male die die Geister trennenden Schranken und beinahe auch die gesellschaftlichen nieder. Die Befreiungskriege, mit ihrem einheitlichen Fühlen und Denken, besiegelten dann das Geschehene, ganz speziell in der Hauptstadt.

Und wie's war, so blieb es, was in einem ganz besonderen Glücksumstande – der die gegenteiligen, in General von der Marwitz (Bruder von Alexander) gipfelnden hochtoryistischen Bestrebungen zunichte machte – seinen Grund hatte. Dieser Glücksumstand war der ausgesprochen bürgerliche Charakter Friedrich Wilhelms III., der nicht bloß durch Beispiel und Anordnung einen Rückfall in alte Scheidungszustände zu hindern, sondern auch überallhin neue Verbindungsbrücken zu schlagen wußte.

Von Beispielen scheint mir das kleinste, das sich darbietet, zugleich das lehrreichste zu sein, indem sich mir die sogenannten ›Subskriptionsbälle‹, des Königs eigenstes Werk, wo Hof, Adel und Bürgertum sich fanden, als ebenso charakteristisch für diesen Hang nach Herstellung einer gewissen gesellschaftlichen Gleichheit erweisen, wie sie nicht minder der vielleicht vollendetste Ausdruck jenes nun beginnenden väterlichen Regimentes sind, das doch etwas sehr anderes war als das gerade hundert Jahre vorher in Blüte gestandene ›patriarchalische‹ Regiment Friedrich Wilhelms I. Unter diesem (Friedrich Wilhelm I.) konnte noch, patriarchalisch-abrahamitisch, in dem ehrlichen Glauben, daß Gott es so wolle, der Versuch einer Opferung Isaaks gemacht werden, unter Friedrich Wilhelm III. gab es von diesem alttestamentarischen Patriarchalismus nichts mehr. Gerechtigkeit herrschte; noch viel mehr aber herrschte Duldsamkeit und Liebe. Nie hat die Welt etwas Ähnliches gesehen, auch in Duodezstaaten nicht, wie das damalige Verhältnis des preußischen Volkes, speziell der Bewohner der Hauptstadt, zu ihrem Könige. Auch das Konfessionelle, speziell das Jüdisehe (die Lessing-Mendelssohnsche* Zeit hatte dafür vorgearbeitet), schuf keine Schwierigkeiten mehr. Es war die recht eigentliche Zeit der jüdisch-christlichen Eheschließungen, von denen man jetzt nur um deshalb so wenig weiß, weil alles, was derartig vorkam, ganz natürlich gefunden und nicht als etwas Besonderes in die Herzen oder Zeitungen eingetragen wurde. Ja, ›väterliches Regiment‹, das alle Klassen gleich herzlich umfaßte, für alle Sinn und Verständnis hatte. Nicht nur das Bürgertum, auch das eigentliche Volk nahm an dieser Verbrüderung, an dieser von Demut und Liebe getragenen Anerkennung des Menschlichen, im Gegensatz zu der nur Phrase gebliebenen Proklamierung der Menschenrechte, teil, und jene merkwürdige Epoche brach an, wo nicht bloß »Willem, der vons Gerüste gefallen«, sondern, literarisch angesehen, auch der Eckensteher Nante hoffähig wurde. Kein Offizierskasino, das damals nicht einen ausgezeichneten Nante gehabt hätte. Die Tage des Königsstädtischen Theaters, die Tage, wo der zu spät zur königlichen Tafel kommende Kronprinz sich mit den Worten: »*Na Meester, darum keene Feindschaft nich*«, bei seinem Vater entschuldigte, worauf dieser gnädig antwortete: »*Ach, Fritze, du kennst mir doch*« – diese Tage des ›Fests der Handwerker‹, der ›Wiener in Berlin‹, der ›Reise auf gemeinschaftliche Kosten‹ brachen jetzt an und schufen, indem sie die Verschmelzung vollendeten, jene weltbekannte Anschauungs- und Ausdrucksweise, die sich mit dem Begriffe des richtigen Berliners deckt, des ›richtigen Berliners‹, der nun bei Hofe (man denke nur an den damaligen Kronprinzen) geradesogut existierte wie draußen bei Liesens oder auf dem Wollankschen Weinberg. Das Jahr 30, vielleicht das ganze Jahrzehnt von 30 bis 40, war der Höhenpunkt dieser eigenartigen Erscheinung, ein Höhenpunkt der Familiarität, der freilich – was auch damals schon von sehr vielen empfunden wurde – keineswegs ein Höhenpunkt in allen Stücken war. Vielfach das Gegenteil. Es war, und zwar in einem unglaublichen und auf die Dauer hin geradzu staatsgefährlichen Grade, die Herrschaftszeit der Mittelmäßigkeit, Verschwommenheit und Trivialität, die Herrschaftszeit des Witzes quand même, des Witzes, dem jede Rücksicht auf andres, unendlich Wichtigeres untergeordnet wurde. Jeder Minister war langweilig, ledern und gleichgültig, aber Beckmann war ein Gott. Ich glaube, daß man diesen Satz, soweit Berlin in Betracht kommt, zur Formel für jenes Jahrzehnt erheben kann. Dazu kam, daß die Witze, auch rein als Witze angesehen, meist sehr anfechtbar und einer aufbessernden Veränderung dringend bedürftig waren. Und diese Veränderung kam denn auch. Aber während die-

Park und Schloß Babelsberg

selbe für eine literarisch gebildetere Form sorgte, ließ sie doch alles, was im Kern der Sache Gutes gewesen war, fortbestehen, will sagen, es blieb in Berlin im wesentlichen, wenn auch verfeinert, bei dem Typus, den besonders die letzten fünfzig Jahre, also die Jahre seit dem Tode Friedrichs des Großen, herangebildet hatten. An die Stelle des Witzes von Angely, Beckmann, Glaßbrenner (der, als jugendlicher ›Brennglas‹, ein ganz anderer wie später unter seinem richtigen Namen war) trat der Heinrich Heinesche Witz, der, gemeinschaftlich mit den Mephistopartien aus Goethes *Faust*, alle Klassen, bis weit hinunter, zu durchdringen begann, bis abermals einige Jahre später der politische Witz den literarischen ablöste. Die mit 48 ins Leben tretenden Witzblätter, dazu die das Berliner Leben schildernden Stücke (David Kalisch voran) und schließlich das wohl oder übel immer mehr in Mode kommende, sich aller Tagesereignisse bemächtigende Couplet-Wesen schufen das, was wir das moderne Berlinertum nennen, ein eigentümliches Etwas, drin sich Übermut und Selbstironie, Charakter und Schwankendheit, Spottsucht und Gutmütigkeit, vor allem aber Kritik und Sentimentalität die Hand reichen, jenes Etwas, das, wie zur Zeit Friedrich Wilhelms III. (nur witzig geschulter und geschmackvoller geworden), auch heute wieder alle Kreise durchdringt, bei hoch und niedrig gleichmäßig zu finden ist und bereits weit über den unmittelbaren Stadtkreis hinaus seine Wirkung äußert.

Vor vierhundert und auch noch vor zweihundert Jahren war Berlin eine märkische Stadt und stand unter dem Einfluß märkischen Lebens, jetzt ist das Berlinertum eine selbständige, von dem ursprünglich Märkischen durchaus losgelöste Macht geworden, die nun ihrerseits auf dem Punkte steht, zu vielem andrem auch die nur hier und da noch Widerstand leistende Mark zu erobern und die Märker nolens volens früher oder später zu Berlinern zu machen.

*) Auch diese Zeit unter Friedrich Wilhelm III. hatte wieder, wie hier beiläufig erzählt werden mag, einen hervorragend espritvollen Mendelssohn, Abraham Mendelssohn, wenn er auch minder zu Ruhm und Ansehen kam als sein Vater Moses Mendelssohn und sein Sohn Felix. Dieser Abraham Mendelssohn liebte deshalb, als alter Herr, zu sagen: »*Es ist mir eigen in meinem Leben ergangen; in meiner Jugend war ich nichts als der Sohn meines Vaters, und in meinem Alter bin ich nichts als der Vater meines Sohnes.*«

Marienkirche in Prenzlau

VII

In vorstehendem, wie mir jeder, der ähnliches versucht, zugestehen wird, hab ich mich an eine ziemlich schwierige Frage gewagt, und weil sie schwierig war, bin ich weit ab von dem Glauben, sie gelöst zu haben. Ich bin schon zufrieden, wenn ich einen Beitrag geliefert und es, nach der Meinung von Kennern, in diesem und jenem getroffen habe. Darf ich selbst eine Stellung zu meiner Arbeit einnehmen, so möcht ich aussprechen dürfen, daß mir das in I, II und VI Gesagte, weil es im wesentlichen auf Beobachtung beruht, leidlich sicher dazustehen scheint, jedenfalls sicherer als das Mittelstück, wo sich's um Schlüsseziehen aus historisch Überliefertem handelte. Leicht möglich deshalb, daß ich bei III, IV, V allerlei Bedenken und Zweifeln begegnen werde, hinsichtlich deren ich heute schon versichern möchte, daß ich ihnen, auch wenn die Widerspruch erhebenden Ansichten mich schließlich nicht überzeugen sollten, ein offenes Ohr entgegenbringe.

Bauernhaus in Mödlich, Prignitz

Schloß Charlottenburg

Das Belvedère im Schlossgarten zu Charlottenburg

Verschlossene Fenster,
Nichts ein noch aus,
Nur Spinnen und Gespenster
Sind hier zu Haus.

Es regnet. Auf den Plüschbänken des Charlottenburger Omnibus sitzt ein halbes Dutzend fröstelnde Gestalten, gleichgiltig oder verstimmt, jeder einen abtröpfelnden Alpaka in Händen. Keiner spricht. Ein Dunst, wie wenn Wäsche trocknet, nebelt um uns her, und ein Kautschukmantel neben mir ist nicht angetan, die klimatischen Verhältnisse zu bessern.

Es regnet, und am Ende mit Recht. Schreiben wir doch den 19. November! Wer mag da Sonnenschein fordern, wenn es ihn lüstet, den Charlottenburger Schloßgarten zu besuchen. Was von den Menschen gilt, gilt auch von den Tagen; man muß sie nehmen, wie sie sind.

Da ist das ›Knie‹. Seine Rundung ist heute völlig reizlos. Das ›Türkische Zelt‹ sieht noch untürkischer aus als gewöhnlich, und bei Morellis hocken drei Sperlinge auf dem schräg gestellten Gartentisch, ziehen die Köpfe ein und schütteln die Federn. Nur die grüne Kuppel des Schlosses hat gewonnen; sie sieht blau aus, frischer als sonst.

An den leeren Gewehrpfosten vorüber, tret ich an das halboffene Parkgitter; der Türhüter schüttelt den Kopf. An solchem Tage Besuch! Er scheint die Frage ergründen zu wollen, ob ich Untat gegen mich oder gegen andere sinne. Ein Unglücklicher oder …

»*Ich möchte nach dem Belvedère. Erst durch die Orangerie, dann gradaus; nicht wahr?*« So Lokalkenntnis und Unbefangenheit heuchelnd, schreit ich an dem Bediensteten vorüber, der sich schließlich, seinem Mienenspiele nach, damit beruhigt: Freitag ist Besuchstag. […]

Ein Gartenarbeiter, wie ich bald wahrnahm, hatte in einem der angeklebten Häuschen ein Unterkommen gefunden; es fand sich ein Schlüssel, der eine der Haupttüren öffnete. Das Erdgeschoß, einst als Küchen- und Wirtschaftsraum benutzt, war interesselos; eine schlank gewundene, von einem sauberen Eisengitter eingefaßte Treppe führte in den ersten und zweiten Stock. Wir stiegen hinauf. Ich hatte dieselbe Empfindung, als ging es hinunter in eine Gruft. Abgestorbenes ringsum. Nur mumienhaft erhalten.

Die Einrichtung beider Stockwerke ist dieselbe: ein einziges saalartiges Rundzimmer.

Der Saal des ersten Stockwerkes ist der reichere; der Fußboden parkettiert, die Wände rhombisch getäfelt mit rotbraunem Pflaumbaumholz. An der weißen Decke kristallne Leuchter. Reliefdarstellungen aus dem Apollo-und-Diana-Mythus umziehen, halb fries-, halb supraportenartig, die obere Rundung, während Ottomanen und Polsterstühle, in ihren Lehnen selbst wieder geschweift, dem Rund der unteren Boisierung folgen. Zahlreiche Bilder, meist englische Stiche nach den Dramen Shakespeares, stehen gruppenweis, die Rückseite nach vorn, an den Wänden umher. Die dunkle Täflung, dazu der blaue Moiréstoff, der alle Polster überzieht, geben dem Zimmer einen festlichen, beinah ernsten Charakter.

Anders der Rundsaal des zweiten Stockes. Hier ist dieselbe Art der Ausschmückung, aber ins Heitere übertragen. Wie dort Braun und ein tieferes Blau den Ton angeben, so lacht hier alles in Weiß und Rot und Gold. Konsolen, mit Tongefäßen in gefälliger Form, laufen guirlandenartig um die Rundung her, und die scharlachnen Seidenüberzüge, als sei es an ihrer leuchtenden Pracht nicht genug, haben ihr Rot noch mit bunten Malereien, mit Blumen und Bouquets geschmückt. Wie im Zimmer des ersten Stocks, so lehnen sich auch hier zwei Balkons und ein Cabinet an den Rundbau an; das Cabinet marmoriert und mit Wandleuchtern von Goldbronze reich verziert.

In diesem Cabinette nun, nur durch zwei halb zurückgeschlagene Gardinen von dem Rundsaal getrennt, saß König Friedrich Wilhelm II. Es war in den ersten Jahren seiner Regierung. Eine Aufführung schien sich, mit einer Art von Feierlichkeit, vorzubereiten. Und so war es. In den goldbronzenen Wandleuchtern brannten ein paar Kerzen, aber ihr Licht, durch die schweren Gardinen zurückgehalten, fiel nur in einzelnen Streifen nach vorn hin in den Saal.

In diesem herrschte Dämmer. Der König hatte den Wunsch ausgesprochen, die Geister Marc Aurels, des Großen Kurfürsten und des Philosophen Leibniz erscheinen zu sehen. Und sie erschienen. Wie man dabei verfuhr, darüber bericht ich an anderer Stelle. Nur dies noch. Dem Könige war gestattet worden, Fragen an die Abgeschiedenen zu richten; er machte den Versuch, aber umsonst. Es gelang ihm nicht, auch nur einen Laut über die bebenden Lippen zu bringen. Dagegen vernahm er nun seinerseits von den heraufbeschworenen Geistern strenge Worte, drohende Strafreden und die Ermahnung, auf den Pfad der Tugend zurückzukehren. Er rief mit banger Stimme nach seinen Freunden; er bat inständig, den Zauber zu lösen und ihn von seiner Todesangst zu befreien. Nach einigem Zögern trat Bischofswerder in das Cabinet und führte den zum Tod Erschöpften nach seinem Wagen. Er verlangte, zur Lichtenau zurückgebracht zu werden, ein Wunsch, dem nicht nachgegeben wurde. So kehrte er noch während derselben Nacht nach Potsdam zurück.

Das war, wie schon angedeutet, mutmaßlich Anfang der neunziger Jahre. Bestimmte Zeitangaben fehlen.

Von jenem Abend an stand das Belvedère fünfzig Jahre lang leer. Es war, als wär es an dieser Stelle nur aus der Erde gewachsen, um als Rokokoschaubühne für eine Geisterkomödie, hinterher aber, um als Wahrzeichen dafür zu dienen, daß das alles einmal wirklich war.

Durch ein halbes Jahrhundert hin waren diese Plätze wie verfemt. Marmorpalais, Belvedère, Marquardt, das Eckardtsteinsche Haus, auch andre noch; man mied sie, man nannte sie kaum. Erst Friedrich Wilhelm IV., innerlich freier, machte einen Versuch, den Bann der neunziger Jahre zu durchbrechen. Das Marmorpalais sah wieder Gondeln an seiner Treppe; die Miniaturbüste der Lichtenau, ein chef-d'œuvre, wurde an altem Platze aufgestellt; was einst Abneigung erweckt hatte, weckte wieder Interesse. Auch das Belvedère schien wieder zu Ehren kommen zu sollen. Von seinem Balkone aus sah der heitere König, dessen eigene sittliche Integrität ihm die Milde, auch nach dieser Seite hin, zum Bedürfnis machte, in Dämmerstunden, beim Teegeplauder, das Spreetal hinunter, freute sich der Segelkähne, die kamen und gingen, der langen Züge, die rasselnd, dampfend vorübersausten, der dunklen Flächen des Grunewaldes hier, der Jungfernheide dort, endlich des roten Spandauer Turms, der die Zickzack-Festungswerke drüben am westlichen Horizont hoch überragte.

Das waren die Wiederbelebungsversuche für das Charlottenburger Belvedère. Aber sie kamen und gingen wie bloße Träume. Bald schlief der Bau mit seinen drei Rokokogenien weiter. Er schläft noch.

Etwas Unheimliches ist drumher, das nicht abzutun ist. Was ist es? Ist es, weil es ein Spukhaus war, weil Gespenster hier umgingen?

Nein, denn man spielte hier nur Gespenst.

Aber fast scheint es, als ob ein doppeltes Grauen ebendaraus erwuchs, daß die Geister, die hier auftraten, nur ein Schein, eine Lüge waren.

Schloß auf der Pfaueninsel

Pfaueninsel! Wie ein Märchen steigt ein Bild aus meinen Kindertagen vor mir auf: ein Schloß, Palmen und Känguruhs; Papageien kreischen; Pfauen sitzen auf hoher Stange oder schlagen ein Rad, Volièren, Springbrunnen, überschattete Wiesen; Schlängelpfade, die überall hinführen und nirgends; ein rätselvolles Eiland, eine Oase, ein Blumenteppich inmitten der Mark.

Aber so war es nicht immer hier. All das zählt erst nach Jahrzehnten, und noch zu Ende der neunziger Jahre war diese Havelinsel eine bloße romantische Wildnis, die sich aus Eichen, Unterholz und allerhand Schlinggewächs zusammensetzte. An manchen Stellen urwaldartig, undurchdringlich. Um das ganze 2000 Schritt lange und über 500 Schritt breite Eiland zog sich ein Gürtel von Uferschilf, darin wildes Geflügel zu Tausenden nistete. Dann und wann, wenn im Grunewald die Jagd tobte, schwamm ein geängsteter Hirsch über die Schmalung an der Südwestspitze und suchte Schutz bei der Einsamkeit der Insel. [...]

Die Anfänge dazu (zur Zauberinsel) fallen bereits in die Regierungszeit Friedrich Wilhelms II. Der Schilfgürtel, der die Insel vor jedem Zutritt zu bergen schien, wurde mittelbar die Ursach, daß sich ihre Schönheit zu erschließen begann. In diesem Schilfe nisteten nämlich, wie schon angedeutet, Tausende von Schnepfen und Enten, die den jagdlustigen König, als er davon vernommen, erst bis an den Rand der Insel, dann auf diese selber führten. Einmal bekannt geworden mit dieser Waldesstille, die ihm bald wohler tat als die Aufregungen der Jagd, lockte es ihn öfter, vom nahen Marmorpalais, zu Kahn herüber. Aus dem Heiligen See in die Havel, an Sacrow vorüber, steuerte er an heiteren Nachmittagen, umgeben von den Damen seines Hofes, der ihm lieb gewordenen Insel zu, auf deren schönster Waldwiese die reichen orientalischen Zelte, die ihm irgendein Selim oder Mahmud geschenkt hatte, bereits vorher ausgespannt worden waren. Die Musik schmetterte; Tänze und ländliche Spiele wechselten ab; so vergingen die Stunden. Erst mit der sinkenden Sonne kehrte man nach dem Marmorpalais zurück.

Solche Lust gewährten dem Könige diese Fahrten nach der stillen, nahe gelegenen Waldinsel, daß er sich im Jahre 1793 entschloß, dieselbe vom Potsdamer Waisenhause, dem sie durch eine Schenkung Friedrich Wilhelms I. zugefallen war, zu kaufen. Dies geschah, und schon vor Ablauf von drei Jahren war das Eiland zu einem gefälligen Park umgeschaffen, mit Gartenhaus und Meierei, mit Jagdschirm und Federviehhaus und einem Lustschloß an der Nordwestspitze. Die Zeichnung zu diesem Lustschloß, so wird erzählt, rührte von der Gräfin Lichtenau her, die das Motiv dazu, während ihrer Reise in Italien, einem verfallenen Schloß entnahm, das zwei, oben mit einer Brücke verbundene Türme, unten aber, zwischen den beiden Türmen, ein großes Bogentor zeigte. Wir halten diese Erzählung für glaubhaft, trotzdem Kopisch sie bezweifelt. Die Lichtenau dilettierte in Kunstsachen, und nicht ganz ohne Talent. Esprit und Geschmack zählen bekanntlich zu den Vorrechten aller Damen aus der Schule der Laïs.

Der Bau des Schlosses begann; aber noch eh dieses und anderes seinen Abschluß gefunden hatte, starb der König, und die Annahme lag nahe, daß auch die nun zurückliegenden zehn Jahre unter Friedrich Wilhelm II., genau wie die sieben Jahre unter Kunckel, zu einer bloßen Episode im Leben der Pfaueninsel werden würden. Es kam indessen anders. Friedrich Wilhelm III., in allem gegensätzlich gegen seinen Vorgänger und diesen Gegensatz *betonend*, machte doch mit Rücksicht auf die Pfaueninsel eine Ausnahme und wandte ihr von Anfang an eine Gunst zu, die, bis zur Katastrophe von 1806, alles daselbst Vorhandene liebevoll pflegte, nach dem Niedergange der Napoleonischen Herrschaft aber diesen Fleck Erde zu einem ganz besonders bevorzugten machte. Ohnehin zu einem kontemplativen Leben geneigt, fand der König, aus den Stürmen des Krieges heimgekehrt, die Einsamkeit dieser Insel anziehender denn zuvor. Was ihm Paretz zu Anfang seiner Regierung gewesen war, das wurde ihm die Pfaueninsel gegen den Schluß hin. Man schritt zu neuen Anlagen und war bemüht, den Aufenthalt immer behaglicher zu gestalten. Viele Anpflanzungen von Gesträuchen und Bäumen, darunter Rottannen und Laubhölzer aller Art, fanden statt. Wildfliegende Fasanen machten sich heimisch auf der Insel; neue Bauten wurden aufgeführt. Eine mit Kupfer beschlagene ›Fregatte‹ traf ein, die der Prinzregent dem Könige Friedrich Wilhelm III. zum Geschenk gemacht hatte*; ein russischer ›Rollberg‹ entstand, eine sogenannte Rutschbahn, und russische Schaukeln setzten sich in Bewegung. 1821 wurde ein Rosensortiment aus der Nachlassenschaft des Dr. Böhm für eine erhebliche Summe Geldes gekauft und in vier Spreekähnen von Berlin aus nach der Pfaueninsel geschafft. Die Überführung dieser Sammlung gab Anlaß zur Anlage eines *Rosengartens*, der alsbald 140 Quadratruten bedeckte und 3000 hoch- und halbstämmige Rosen, dazwischen ungezählte Sträucher von Zentifolien, Noisetten und indischen Rosenarten, umschloß.

Ziemlich um dieselbe Zeit wurde ein *Wasserwerk* mit einer Dampfmaschine errichtet, lediglich um ein großes Reservoir zu speisen, aus dem nun der sandige Teil der Insel bewässert werden konnte. »*Damit war Lebensblut für alle darauffolgenden Verschönerungen gegeben.*«

1828, nachdem viele Geschenke und Ankäufe vorausgegangen, ward auch eine reizende, alle Tierarten umfassende *Menagerie* erworben. Sie wurde hier wie von selbst zu einem *zoologischen Garten*, da Lenné, feinen Sinnes und verständnisvoll, von Anfang an bemüht gewesen war, den einzelnen Käfigen und Tiergruppen immer die passendste landschaftliche Umgebung zu geben. 1830 wurde auch das *Palmenhaus* errichtet.

Das kleine Eiland stand damals auf seiner Höhe. »*Eine Fahrt nach der Pfaueninsel*«, so durfte Kopisch wohl schreiben, »*galt den Berlinern als das schönste Familienfest des Jahres, und die Jugend fühlte sich überaus glücklich, die munteren Sprünge der Affen, die drollige Plumpheit der Bären, das seltsame Hüpfen der Känguruhs hier zu sehn. Die tropischen Gewächse wurden mit manchem Ach! des Entzückens bewundert. Man träumte, in Indien zu sein, und sah mit einer Mischung von Lust und Grauen die südliche Tierwelt: Alligatoren und Schlangen, ja das wunderbare Chamäleon, das opalisierend oft alle Farben der blühenden Umgebung widerzuspiegeln schien.*«

Meine eigenen Kindheitserinnerungen, wie ich sie eingangs ausgesprochen, finden in dieser Schilderung ihre Bestätigung.

*) Sie zerfiel bald. 1832 wurde deshalb eine zweite, als Ersatz, durch Lord Fitz Clarence überbracht. Diese existiert noch, ist aber auch schon wieder defekt.

Das große Fenster an der Havel bei Wannsee

Wer hätte im Laufe dieses Sommers von dem neuen Eisenbahnprojekt (über Charlottenburg durch den Grunewald bis Potsdam) gehört, ohne nicht zugleich den Vorsatz zu fassen, einen lange versäumten Besuch ehemöglichst nachzuholen und die Havelforsten zwischen Pichelsberg und dem Wannensee auf ihren Schönheitsgehalt zu prüfen. Wenigstens erging es uns so. Die Regengüsse des September kamen dazwischen; aber die schönen Herbstestage, die dann begonnen, schön selbst in unseren Straßen, haben uns endlich hinausgeführt. Unser erster Plan, genau die Kurve innezuhalten, die die zu hauende Eisenbahn beschreiben wird, kam nicht zustande; nicht von Stufe zu Stufe, vom Schönen zum Schöneren machten wir mußevoll unseren Weg, sondern ungeduldig faßten wir die Landschaft an ihrer schönsten Stelle – der nächste Weg der beste. Diese schönste Stelle ist die, wo die ohnehin breite Havel sich weit ins Land hineinbuchtet und den Wannensee bildet.

Wir kommen von Zehlendorf und verfolgen die Chaussee, die von dort aus in beinah gerader Linie bis an die Südspitze des Wannensee führt. Der Weg ist wenig interessant; eine Chaussee, wie sie im Buche steht; Pappeln, Staub, Steinhaufen und zu beiden Seiten eine Schonung. Diese halbwachsenen Fichtenstämmchen, die den Weihnachtsbaum hinter sich und den wirklichen Fichtenstamm noch weit vor sich haben, erquicken wenig – fast so wenig wie manche Menschenkinder auf gleicher Stufe der Entwicklung. Nach halbstündigem Marsch ändert sich das Terrain; tiefere Einschnitte kommen, prächtige Baumgruppen lösen das Kleinholz ab, und plötzlich blickt aus der Waldestiefe ein blaues Auge zu uns auf. Wir halten inne, um uns des Anblicks zu freuen. Und doch ist dies prächtige Blau zu unseren Füßen nur ein ausgestellter Posten, und jetzt erst, wo wir aus dem Forst in die Lichtung hinausgetreten sind, blicken wir auf die weite Wasserfläche, der unser Besuch gilt – auf den Wannensee.

Unmittelbar an der Stelle, wo die Chaussee (die rasch wieder waldeinwärts biegt) die Südspitze des Sees berührt, erheben sich waldbekränzte Hügel zu beiden Seiten, von deren Kuppen aus man des prächtigsten Anblicks genießt. Wir wählen die Hügelgruppe zur Linken, sitzen, den Arm um eine Fichte gelehnt, die Füße über der Tiefe, wie in einem natürlichen Amphitheater und überblicken ein reiches

Landschaftsbild, das durch die Chausseelinie, die sich hindurchzieht, in zwei beinah gleiche Teile geteilt wird. Uns zu Füßen und weiter nach links hin dehnt sich das Stolper Loch, ein unterbundener Havelarm, der nun ohne Zirkulation und Leben daliegt – ein Teich wider Willen, dessen moroses Ansehen zu sagen scheint, daß er einst bessere Tage gesehn. Aber diese Trübe, die wir um seinetwillen beklagen, kommt der Landschaft zugute, und See und Röhricht und vor allem der Holzhof (am Ufer des Sees), auf dem die großen Holzsägen geschäftig auf und nieder gehen und mit ihrem melodischen Einklange die Stille unterbrechen, geben ein anziehendes Bild.

Ganz anders zeigt sich das Bild an der andern Seite der Chaussee. Wenn hier zur Linken die enge Umgrenzung, die Stimmung des Bildes und seine Details einen Reiz schufen, so ist es drüben, jenseit des Weges, die Ausdehnung, die Fläche, der Raum. Es fehlen alle Details, fast fehlt auch Stimmung; aber der Zauber der Farbe schmeichelt sich in unsere Sinne ein, und das weite tiefe Blau trifft unser Auge wie eine Erquickung. Von dem fernen jenseitigen Havelufer her (Fluß und See haben hier eine Breite von mehr als einer halben Meile) grüßen nur einige rote Dächer; diesseits aber legen sich die schönsten Waldpartien des Grunewalds wie ein weitgespannter Arm um den See herum. Der Grunewald auf diesem Uferstreifen zwischen Pichelsberg und dem Wannensee ist von ganz besonderer Schönheit. Die Stämme sind hoch und schlank, und alles Unterholz fehlt; fährt man in einem Boot die Havel abwärts, so blickt man durch die Umrahmung der rotbraunen Stämme bis tief in den Wald hinein und belauscht das Wild, das gehegt und gepflegt in jenen weiten Jagdrevieren wie in paradiesischer Sicherheit den Forst durchschreitet und von den vorspringenden Kuppen aus neugierig auf den Fluß und sein Treiben herniederblickt.

Sei es die Pflege, die diesem schönen Walde zuteil wird, oder sei es die Nähe des Wassers, das mit feuchter Kühle die Nadeln labt und leise Nebel um seine Kronen spinnt – gleichviel, die Tannen erscheinen schöner und edler hier als irgendwo anders und stehen da, als fühlten sie sich als die eingeborenen Herren dieses Landes. Auch den Wannensee umstehen alte, kostbar knorrige Exemplare.

Der Pechsee im Grunewald

An dieser Stelle, auf dem Plateau am Wannensee (wenn unsere Wünsche in Erfüllung gehen), werden sich innerhalb einiger Jahre die Sommerwohnungen vieler unserer Residenzler erheben; hierhin werden die Villas verpflanzt werden, denen es an der Lisiére des Tiergartens hin bereits zu städtisch zu werden beginnt. Zwei Fragen drängen sich auf: An welcher Stelle werden die Villen am besten sich erheben? Und zweitens (eine Frage, die vielleicht die erste sein sollte): Wird das Entstehen einer Villenstraße, die leicht zu einer Villenstadt, wie in England viele solcher Beispiele existieren, anwachsen könnte, nicht die Schönheit, die Frische dieser Waldgegend gefährden? –

Die zweite Frage beantworte ich zuerst und nach bester Überzeugung dahin, daß solche Besorgnisse einfach deshalb ungerechtfertigt sind, weil man einer Natur das nicht mehr nehmen kann, was sie längst nicht mehr besitzt. Es ist still und lauschig an diesen Havelseen; aber es ist töricht, eine Miene anzunehmen, als würde hier durch Eisenbahn und Sommerwohnung ein heiliger Frieden, ein unentweihter Tempel der Natur zerstört werden. Der Grunewald liegt als wohlgepflegter Jagdgrund zwischen den beiden Residenzen des Landes – das sagt alles. Überall, auf Schritt und Tritt, begegnet man hier den Zeichen der Kultur, den Schöpfungen der Menschenhand – Gärten und Ackerfelder, zumal an den Seen entlang, die den Grunewald durchziehen, unterbrechen den Forst; eine Einfriedigung umspannt den ganzen Wald, und von den Höhen aus, die sich am Fluß entlangziehen, sieht man auf die Dampfschiffe, die vorüberschaufeln, oder hört den Pfiff der Lokomotive, die die Ränder des Waldes durchschneidet. Die Natur wird durch diese Anlagen nicht verlieren, wohl aber gewinnen. Denn so schön die prächtige Wasserfläche ist, die sich hier ausbreitet, so sehr dies Blau labt und die schönen Linien des Ufers das Auge erfreuen, *ein* Mangel bleibt, von dem alle Landschaftsbilder unserer Mark nicht freizusprechen sind – *Monotonie.* Diese Monotonie, in der nur dann ein Zauber waltet, wenn es noch die Monotonie des Urwaldes ist, sie ist unserer Landschaft *zu nehmen, nicht aber zu bewahren;* denn unsere Landschaft hat längst aufgehört, ein bloßes Naturprodukt zu sein. Man denke an die Spree zwischen Treptow und Stralow; es ist jetzt ein reizender Punkt. Aber man streiche den Stralauer Kirchturm (beiläufig bemerkt, eine *malerische* Feinheit Schinkels) an der einen und die Treptower Villa an der andern Seite und sehe dann, was übrigbleibt.

Jagdschloß Grunewald

Schwieriger ist die Frage zu beantworten, welches Ufer des Sees oder der Havel selbst zu bevorzugen sein wird. Der Ausspruch: »*Ich sehe lieber von Deutz auf Köln als von Köln auf Deutz*«, wird immer eine Wahrheit bleiben; aber doch eine Wahrheit, in deren Anwendung es gut ist, mäßig zu sein. Es ist keine Frage, daß die kahlen Westufer der Havel einen schöneren Blick auf den gegenübergelegenen Grunewald gewähren, als ihn der Grunewald auf die kahlen Westufer bietet; dennoch werden andere Erwägungen den Ausschlag geben. Die Stelle, wo eine erste Reihe von Häusern zu entstehen hat, scheint mir von der Natur beinahe vorgezeichnet; am Südostufer des Sees zieht sich wie eine Dünenreihe ein natürlicher Quai entlang, der alle Vorzüge, die bei solcher Anlage in Betracht kommen können, zu vereinigen scheint. Ein trockener Untergrund, in Front der See, im Rücken der Wald, der zu gleicher Zeit von rechts und links her das nur noch von hier geöffnete Becken des Sees umspannt. Die Kahlheit der Düne selbst wird rasch verschwinden, und die dürftigen gegenübergelegenen Westufer werden allmählich ihren Charakter verändern und eine bessere Fernsicht gewähren. Eine Fülle der reizendsten Ausflüge und Partien ermöglicht sich von keiner Stelle besser als von diesem Südostufer des Sees aus; denn in kaum halbmeiligem Umkreise liegen die anziehendsten Punkte: die Pfaueninsel (Potsdams selber zu geschweigen), Kleinmachnow und der Schlachtensee. Wer in seinem historischen Bedürfnisse nicht gern über die Anfänge dieses Jahrhunderts hinausgeht und seinen Kindern gern erzählen will vom guten König Friedrich Wilhelm, der den Namen dessen, der ihm seine Lieblingsblume abgebrochen hatte, nicht wissen wollte, »*weil er's ihm doch vielleicht nachtragen könnte*«, der wird die Pfaueninsel zu seinen Ausflügen wählen, wo der König mit dem bürgerlichen Herzen mit Vorliebe verweilte und wo seine Lieblingsblume blühte, die nicht sicher gewesen war vor den Händen täppischer Neugier. Wer gern zurücksteigt in die Vorgeschichte des Landes, ein Herz hat für Kreuzgewölbe und Spitzbogenfenster, mit den Wappenschildern der Hakes und Schulenburgs darin; wer gerne Kirchen sieht, die sich in Efeu verstecken, und gern bei alten Steinkreuzen verweilt, denen man es ansieht (auch wenn die Sage schwiege), daß hier einer, in Mord oder Zweikampf, in seinem Blut zusammensank, den wird es nach dem Hakeschen Kleinmachnow ziehen, wo er findet, was er liebt. Wer aber aller Geschichte gram ist, sie sei alt oder neu, wem das Herz nur aufgeht bei Klang und Farbe, wer nur Sinn hat für die Linie des Schönen und ihr nachgeht, wie in der Kunst so auch in den Schöpfungen der Natur, der wird waldeinwärts wandern, bis ihn sein Weg an den nah gelegenen Schlachtensee führt, der sich schmal, aber in graziösen Wellenlinien am Ostrande des Grunewalds entlangzieht, und wird bei Fackelschein über den See fahren. Wenn dann die dunklen Waldpartien in plötzlichem Glanze aufleuchten, die Wassertropfen wie Glutkörner vom Ruder fallen und die Seeufer noch schöner geschlungen erscheinen, als sie in Wirklichkeit sind, dann wird auch erhaben, was ihm ans Herz geht, und seine ›Villeggiatur am Wannensee‹ wird nicht zu den verlorenen Sommern zählen.

Die Havel in Spandau

Das Schildhorn bei Spandau

Meine Götter sind Spott,
Rette du mich, Christengott.

Spandau ist eine der ältesten Städte der Mark, und seine Lokalgeschichte zählt zu den interessanteren. Hier an den Ufern der Havel entschieden sich die Kämpfe zwischen Christen und Wenden, hier faßte die Reformation zuerst festen Fuß in brandenburgischen Landen, und hier war es, wo der junge Friedrich Wilhelm (der spätre ›Große Kurfürst‹), nach einer Zeit voll Elend und Erniedrigung, siegreich seinen Einzug hielt, in dieselbe Festung, die August Moritz von Rochow vorgab, als *kaiserlicher* Oberst *für* den Kaiser und *gegen* den Kurfürsten und Landesherrn halten zu müssen.

Aber diese Vorgänge, die teils einen Ruhm der Stadt bilden, teils ihr ein historisch-poetisches Interesse leihen, liegen weit zurück und sind erstorben im Bewußtsein der Gegenwart. *Das* Spandau, das wir kennen, an das sich gewisse Schreckensvorstellungen unserer Jugend knüpfen, war, bis in die neueste Zeit hinein, ein höchst unpoetischer Ort. Die Stadt selbst, mit ihren verschnittenen Lindenbäumen und gelbgetünchten Häusern, nahm sich an und für sich um kein Haarbreit unfreundlicher aus als andere märkische Städte, aber die Heiterkeit der Farben konnte an keinem Ort zur Geltung kommen, den man sich gewöhnt hatte, nur mit der Nachtseite menschlicher Dinge in Verbindung zu bringen. Festungsgräben mit Militärsträflingen, Kasematten mit politischen Gefangenen, Korrektionshäuser und Strafanstalten aller Art – daneben verschwand das arme Grün der Lindenbäume, und die Vorstellung des Unheimlichen setzte sich auf viele Jahre hin fest. Zum Überfluß suchte noch die Residenz Berlin die nachbarliche Schwesterstadt zum nicht beneidenswerten Schauplatz für die Vollstreckung letzter Urteile zu machen, und was dem Maß der Schrecken bis dahin gefehlt hatte, war nun erfüllt. Das Haupt Tschechs fiel auf der Spandauer Feldmark, und die Stadtchronik jener Epoche ist mit Blut geschrieben.

Aber auch *dieses* Spandau, das Spandau unserer Jugend, hat sich überlebt und einem neuen Platz gemacht. Der helle Pfiff der Lokomotive hat die dunkeln Wolken, die über der Stadt hingen, wie mit leuchtendem Schwert vertrieben; die Stille, die Stagnation, die so leicht zum Brütwinkel alles Finstern und Unheimlichen werden, sind dem Leben und der Bewegung gewichen, bunte Menschenströme kommen und gehen, und Fabrikgebäude und Sommerhäuser haben in lachenden Farben einen heitern Kranz um den alten Griesgram gezogen. Dampfschiffe beleben den schönen breiten Strom, und der dunkle Hintergrund, der auch jetzt noch dem Bilde geblieben, schreckt nicht mehr ab, sondern steigert nur den Reiz. [...]

Wir haben uns inzwischen der Landzunge mehr und mehr genähert, und die Formen nehmen bestimmtere Gestalt an. Wir erkennen deutlich eine Säule, die in der Mitte ihres Schaftes einen Schild und auf der Höhe des Ganzen ein Kreuz trägt. Unser Boot legt an, und wir erklimmen den Damm, der nach vornhin ziemlich abschüssig in den Fluß fällt. Dieser Vorsprung, die hohe Sandklippe, auf der wir uns nunmehr befinden, ist das Ziel unserer Reise, »das Schildhorn«. Der Vorgang, der ihm diesen Namen gab, ist der folgende.

Brennibor (Brandenburg) war endlich nach langer Belagerung von Albrecht dem Bären erstürmt, und das Wendentum, seit lange von der Elbe zurückgedrängt, schien auch das Havelland nicht länger halten zu können. Aber Jaczko, der Wendenfürst, war wenigstens gewillt, die alten Sitze seiner Väter nicht ohne Schwertstreich aufzugeben, und noch einmal sammelte er die Seinen zum Kampf. Bei Spandau kam es zu einer letzten Schlacht. Jaczko unterlag, und hinfliehend am rechten Havelufer, von den siegestrunkenen Deutschen verfolgt, sah er kein anderes Heil mehr als den Fluß und das jenseitige Ufer. Gegenüber dem jetzigen Schildhorn, wo die weit vorspringende Landzunge die Breite der Havel fast halbiert, gab er seinem Pferd die Sporen und setzte in den Fluß. Aber sein Pferd war matt und müde vom Kampf, und ehe es die rettende Landzunge halb erreicht hatte, empfand sein Reiter die schwindende Kraft des treuen Tiers. Da, angesichts des Todes, warf das Herz des Wendenfürsten die alten Heidengötter von sich, und die Hand, die den Schild hielt, hoch gen Himmel erhebend, rief er den Gott der Christen an, ihm zu helfen in seiner Not. Da war es ihm, als faßte eine Hand den erhobenen Schild und hielte ihn mit leiser, aber sicherer Macht über dem Wasser; dem sinkenden Pferde kehrten die Kräfte zurück, und der Vorsprung war erreicht. Jaczko hielt, was er gelobt, und wurde Christ. Seinen Schild aber, den der Finger Gottes berührt, ließ er dem Ort, wo das Wunder sich vollzogen hatte. Der Schild des Heiden war ihm zum Glaubensschild geworden. [...]

Der Sagenschatz der Mark ist arm; das mag es erklären, daß sich unsere heimischen Dichter und Künstler mit Vorliebe der Behandlung eines Stoffes zugewandt haben, der, wenn auch keineswegs ohne Reiz überhaupt, doch schon in seiner Entlegenheit allerhand Schwierigkeiten bietet. Unsere Lokalpoeten sind denn auch meist an dieser Schwierigkeit gescheitert, und die einfache, schlichte Überlieferung wird der poetischen Version, deren eigene Zutat schwach ist, gemeinhin und mit vollem Rechte vorgezogen. [...]

Aber sind auch Kunst und Dichtung bisher umsonst bemüht gewesen, eine goldene Frucht von dem Baume der alten Tradition zu brechen, die Sage selbst wird fortleben von Mund zu Mund, und jeder, der das Schildhorn besucht und den stillen Zauber auf sich wirken läßt, den die immer wechselnden Bilder von Wald und Fluß, die weißen Segel über dem Wasser und die »Segler in den Lüften« hier leise zusammenspinnen, der wird, in aufkeimendem romantischen Bedürfnis, sich das Westufer des Flusses plötzlich mit allerhand Gestalten beleben und den Wendenfürsten selbst, den umleuchteten Schild zu seinen Häupten, auf dem gekräuselten Wasser sehen. Ein Lächeln wird dem Traumbild folgen, aber eine dankbare Erinnerung wird ihm bleiben an das märkische Landschaftsbild, das das Schildhorn vor ihm entrollte.

Das Stadtschloß in Potsdam. Das 1945 ausgebrannte Schloß wurde 1959/60 abgetragen

Das Wesen der Potsdamme

Das Wesen der Potsdamme – wobei ich Potsdam als alten überkommenen Begriff, nicht als etwas tatsächlich noch Vorhandenes fasse – das Wesen dieser Potsdamme, sag ich, besteht in einer unheilvollen Verquickung oder auch Nicht-Verquickung von Absolutismus, Militarismus und Spießbürgertum. Ein Zug von Unfreiheit, von Gemachtem und Geschraubtem, namentlich auch von künstlich *Hinaufgeschraubtem*, geht durch das Ganze und bedrückt jede Seele, die mehr das Bedürfnis hat, frei aufzuatmen, als Front zu machen. Ja, dies ist das Eigentlichste! Ein gewisses Drängen herrscht in diesen der Louis XIV.-Zeit entsprungenen Städten vor, in die erste Reihe zu kommen, gesehen, vielleicht gegrüßt zu werden, Vornehm und Gering nehmen gleichmäßig daran teil und bringen sich dadurch, während der Hochmut wächst, um mit das Beste, was der Mensch hat: das Gefühl seiner selbst. Es kann keinen wärmeren Lobsprecher des richtig aufgefaßten ›Ich dien'‹ geben als mich; es ist ein Charaktervorzug, gehorchen zu können, und ein Herzensvorzug, loyal zu sein, aber man muß zu dienen und zu gehorchen wissen in Freiheit.

Baumblüte in Werder

Werder
Die Insel und ihre Bevölkerung

»Es möchte sich niederneigen
In die spiegelklare Flut,
Es möchte streben und steigen
In der Abendwolken Glut.«
Uhland

»I do remember an apothecary,
And hereabout he dwells; ... green earthen pots
Were thinly scatter'd to make up a show.«
Shakespeare

Der Reisende, den von Berlin aus sein Weg nach *Westen* führt, sei es, um angesichts des Kölner oder auch schon des Magdeburger Domes zu landen, hat – wie immer ablehnend er sich gegen die Schönheiten von Mark Brandenburg verhalten möge –, wenigstens zu Beginn seiner Fahrt, solange die grünen Hänge von Potsdam ihm zur Seite bleiben, einige Partien zu durchfliegen, die er nicht Anstand nehmen wird als Oasen gelten zu lassen. Wenn aber all die lachenden Bilder zwischen Schloß Babelsberg und dem Pfingstberg, zwischen der Pirschheide und dem Golmer Bruch ihn unbekehrt gelassen hätten, so würde doch das prächtige See- und Flußpanorama ihn entzücken müssen, das die große Havelbrücke eine Meile *westwärts* von Potsdam vor ihm auftut und das ihm nach rechts hin eine meilenbreite, segelbedeckte Fläche, nach links hin eine giebelreiche, rot und weiß gemusterte, in dem klaren Havelwasser sich spiegelnde gotische Kirche zeigt. Um sie herum ein dichter Häuserkranz: Stadt Werder.

Stadt Werder, wie ihr Chronist Ferdinand Ludwig Schönemann in einem 1784 erschienenen Buche erzählt, liegt auf einer ›gänzlichen Insel‹. Diese umfaßt sechsundvierzig Morgen. »*Zur Sommerzeit, wenn das Wasser zurückgetreten ist, kann man die Insel in einer Stunde umschreiten; sie aber zu umfahren, sei es in einem Kahn oder einer Schute, dazu sind zwei Stunden erforderlich. Ein solches Umfahren der Insel an schönen Sommerabenden gewährt ein besonderes Vergnügen, zumal wenn des Echos halber die Fahrt von einem ›Waldhornisten‹ begleitet wird.*« Der Chronist hat hier eine romantische Anwandlung, die wir hervorgehoben haben wollen, weil sie in seinem Buche die einzige ist. [...]

Die Gunst der Lage machte aus dem ursprünglichen Fischerdorfe alsbald einen Flecken (als solchen nennt es bereits eine Urkunde aus dem Jahre 1317), und abermals hundert Jahre später war aus dem Flecken ein Städtchen geworden, dem Kurfürst Friedrich II. bereits zwei Jahrmärkte bewilligte. So blieb es in allmählichem Wachsen, und seine Insellage wurde Ursach, daß keine Rückschläge erfolgten und Stadt Werder durch allen Zeitenwirrwarr hindurchgehen konnte, ohne die Kriegsrute zu empfinden, die für das umliegende Land, wie für alle übrigen Teile von Mark Brandenburg, oft so hart gebunden war. Der Dreißigjährige Krieg zog wie ein Gewitter, »das nicht über den Fluß kann«, an Werder vorüber; die Brücke war weislich abgebrochen, jedes Fahrzeug geborgen und versteckt, und wenn der scharf eintretende Winterfrost die im Sommer gewahrte Sicherheit zu gefährden drohte, so ließen sich's die Werderaner nicht verdrießen, durch beständiges Aufeisen der Havel ihre insulare Lage wiederherzustellen. So brachen nicht Schweden, nicht Kaiserliche in ihren Frieden ein, und es ist selbst fraglich, ob der ›schwarze Tod‹, der damals über das märkische Land ging, einen Kahn fand, um vom Festland nach der Insel überzusetzen.

Das war der Segen, den die Insellage schuf, aber sie hatte auch Nachteile im Geleit und ließ den von Anfang an vorhanden gewesenen Hang, sich abzuschließen, in bedenklichem Grade wachsen. Man wurde eng, hart, selbstsüchtig; Werder gestaltete sich zu einer Welt für sich, und der Zug wurde immer größer, sich um die Menschheit draußen nur insoweit zu kümmern, als man *Nutzen* aus ihr ziehen konnte. Diese Exklusivität hatte schon in den Jahren, die dem Dreißigjährigen Kriege vorausgingen oder mit ihm zusammenfielen, einen hohen Grad erreicht. In Aufzeichnungen aus jener Zeit finden wir folgendes: »*Die Menschen hier sind zum Umgange wenig geschickt und gar nicht aufgelegt, vertrauliche Freundschaften zu unterhalten. Sie hassen alle Fremden, die sich unter ihnen niederlassen, und suchen sie gern zu verdrängen. Vor den Augen stellen sie sich treuherzig, hinterm Rücken sind sie hinterlistig und falsch. Von außen gleißen sie zwar, aber von inwendig sind sie reißende Wölfe. Sie sind sehr abergläubisch, im Gespenstersehen besonders erfahren, haben eine kauderwelsche Sprache, üble Kinderzucht, schlechte Sitten und halten nicht viel auf Künste und Wissenschaften. ›Arbeitsamkeit und sparsames Leben‹ aber ist ihnen nicht abzusprechen. Sie werden selten krank und bei ihrer Lebensart sehr alt.«*

War dies das Zeugnis, das ihnen um 1620 oder 1630 ein unter ihnen lebender ›Stadtrichter‹, also eine beglaubigte Person, ausstellen mußte, so konnten 150 Jahre weiterer Exklusivität in Gutem wie Bösem keinen wesentlichen Wandel schaffen, und in der Tat, unser mehrzitierter Chronist bestätigt um 1784 nur einfach alles das, was Stadtrichter Irmisch (dies war der Name des 1620 zu Gericht Sitzenden) so lange Zeit *vor* ihm bereits niedergeschrieben hatte. Die Übereinstimmung ist so groß, daß darin ein eigentümliches Interesse liegt.

»*Die Bewohner von Werder*«, so bestätigt Schönemann, »*suchen sich durch Verbindungen untereinander zu vermehren und ›nehmen Fremde nur ungern unter sich auf‹. Sie sind stark, nervig, abgehärtet, sehr beweglich. Sie stehen bei früher Tageszeit auf und gehen im Sommer schon um zwei Uhr an die Arbeit; sie erreichen siebzig, achtzig und mehrere Jahre und bleiben bei guten Kräften. Ihre Kinder gewöhnen sie zu harter Lebensart; im frühesten Alter werden sie mit in die Weinberge genommen, um ihnen die ›Liebe zur Arbeit‹ mit der Muttermilch einzuflößen. Die Kinder werden bis zum achten oder neunten Jahre in die Schule geschickt, lernen etwas lesen, wenig schreiben und noch weniger rechnen. Die meisten bleiben ungesittet; das kommt aber nicht in Betracht, weil ihnen an dem zeitlichen Gewinn gelegen ist. ›Viele natürliche Fähigkeiten sind bei ihnen nicht anzutreffen‹, und sie halten fest am Alten. Sie lieben einen springenden Tanz und machen Aufwand bei ihren Gastmählern. Im übrigen aber leben sie ›kärglich und sparsam und suchen sich durch Fleiß und Mühe ein Vermögen zu erwerben‹.«*

Welche Stabilität durch anderthalb Jahrhunderte! Im übrigen, wenn man festhält, wie tief der Egoismus in aller Menschennatur überhaupt steckt und daß es zu alledem zwei ›Fremde‹, zwei ›Zugezogene‹ waren, die den Werderanern die vorstehenden, gewiß nicht allzu günstig gefärbten Zeugnisse ausstellten, so kann man kaum behaupten, daß die Schilderung ein besonders schlechtes Licht auf die Inselbewohner würfe. Hart, zäh, fleißig, sparsam, abgeschlossen, allem Fremden und Neuen abgeneigt, das Irdische über das Überirdische setzend – das gibt zwar kein Idealbild, aber doch das Bild eines tüchtigen Stammes, und das sind sie auch durchaus und unverändert bis diesen Tag.

Brandenburg, Havel. Blick auf den Dom

Triglaw war eine ursprünglich pommersche Gottheit und wurde, wie es scheint, erst in späterer Zeit, sei es aus *Eifersucht* oder sei es aus *Mißtrauen* gegen den Radegast (in Rethra), von Pommern her in die Havelgegenden eingeführt. In Kürze haben wir ihn schon an anderer Stelle beschrieben. Er hatte *drei* Köpfe, weil er Herr im Himmel, auf Erden und in der Unterwelt war, und sein Gesicht war verhüllt, zum Zeichen, daß er die Sünden der Menschen übersah und verzieh. In seinen Händen hielt er einen gehörnten Mond, ein Symbol, über dessen Bedeutung nur Vermutungen existieren. Seinen Haupttempel hatte er in Stettin, der, den Schilderungen nach, die wir davon besitzen, den aus Holz aufgeführten, mit Bildwerk und Schnitzereien ausgeschmückten Tempeln in Rethra und Arkona sehr verwandt gewesen sein muß. Auch der Triglaw-*Dienst* war dem Dienst des Radegast oder Swantewit mehr oder weniger verwandt. Die Zeichen wurden in ähnlicher Weise gedeutet, das Roß schritt über die gekreuzten Lanzenspitzen hin, und das Berühren dieser oder jener Lanze, mit dem einen oder andern Fuß – alles hatte seine Bedeutung zum Heil oder Unheil. Nur das Roß selbst war nicht weiß, sondern *schwarz*, vielleicht weil Triglaw selbst mehr den finstern als den lichten Göttern zugehörte.

Um 982, unmittelbar nach dem großen Wendenaufstande, war es, daß nunmehr diesem Triglaw zu Ehren auch in Brennabor ein Tempel errichtet wurde. Derselbe erhob sich auf dem Harlunger Berge und sah triumphierend in das dem Heiden- und Wendentum wieder zurückeroberte Land hinein. Es war höchstwahrscheinlich kein Holzbau mehr, wie der Stettiner, sondern ein Steinbau, nach Art der christlichen Steinkapellen*, und M. W. Heffter, in seiner trefflichen Geschichte Brandenburgs, stellt sogar die Hypothese auf, daß aus diesem alten heidnischen Tempelbau, zunächst ohne wesentliche Umgestaltung, die später so berühmt gewordene Marienkirche auf dem Harlunger Berge hervorgegangen sei. Wir halten dies für wahrscheinlicher als nicht, finden indessen den Beweis dafür weniger in der eigentümlichen Architektur der Kirche als in dem historisch nachgewiesenen Umstande, daß sich unter den märkischen Wenden der Übergang aus dem Heidentum ins Christentum schließlich in aller Ruhe vollzog, etwa wie 400 Jahre später der Übergang aus dem Katholizismus in den Protestantismus. Der Fürst Pribislaw wurde Christ; das Volk folgte, teilweise widerwillig, aber doch vielfach auch willig und zwanglos. Man hatte sich bereits mit- und nebeneinander eingelebt, und der bloße Umstand, daß das gestürzte

Bild des Triglaw *nicht* verbrannt oder zerstört, vielmehr, allen bekannt und allen zugänglich, bis 1526 in einer Seitenkapelle der Marienkirche aufbewahrt wurde (in welchem Jahre Christian II. von Dänemark es unter Zulassung Joachims I. mit fortnehmen durfte), deutet darauf hin, daß die Wandlung der Gemüter sich friedfertig genug vollzogen und der Christengott den Wendengott in aller Stille beiseite gedrängt haben muß. Diese Umwandlung des Triglaw-Tempels in eine Marienkirche erfolgte zwischen 1136 und 1141. 600 Jahre lang hat dann vom Harlunger Berge aus die berühmte Marienkirche ins Land gesehen. Ihre Entstehung drückte das Siegel auf den endlichen Sieg des Christentums über das Heidentum im Lande zwischen Elbe und Oder. Auf der Stätte des Triglaw-Tempels ging ein neues Leben auf, und der dreieinige Gott sprach hinfort statt des dreiköpfigen Gottes zu seinem Volke.

*) In einer 1619 zu Wittenberg gedruckten Jubelpredigt eines Jüterboger Geistlichen findet sich folgendes: »*Das uralte Templein allhier, welches ungefähr nun vor vierzig und etlichen Jahren ist eingerissen worden, darinnen der heidnische Götzendienst der wendischen Morgengöttin soll sein geleistet worden, dies Templein ist in der Länge, Breite und Höhe bis an das Dach recht viereckicht von Mauersteinen aufgeführt gewesen, hat oben ein Kreuzgewölbe und darüber ein viereckicht zugespitztes Dach von hellen Steinen gehabt. Die Tür oder Eingang von abendwärts ist niedrig gewesen, also daß man im Eingehen sich etwas bücken müssen. Es hat auch keine Fenster gehabt sondern nur ein rundes Loch etc. – also habe ich's von mehreren Personen, die noch am Leben sind, beschreiben hören.*« (Allerdings ist diese Angabe, der man wohl einen größeren Wert, als ihr zukommt, hat beilegen wollen, kein Beweis, daß das »*Templein*« wirklich heidnisch gewesen sei. Das Kreuzgewölbe spricht sogar dagegen. Als man hierlandes Kreuzgewölbe baute, war es mit dem Wendentum schon vorbei.)

Brandenburg/Havel. Rathaus mit Roland

Kloster Zinna

Nie hat ein Orden einen rascheren und gewaltigeren Siegeszug über die Welt gehalten. Aus dem Mutterkloster Cisterz, gegründet 1098, waren nach fünfzehn Jahren schon vier mächtige Töchterklöster: La Ferté, Pontigny, Morimad und Clairvaux, hervorgegangen, den Töchtern folgten wieder Töchter und Enkeltöchter, und eh ein halbes Jahrhundert um war, war nicht nur ein Netz von Zisterzienserklöstern über das ganze christliche Europa ausgebreitet, sondern auch tief in heidnische Lande hinein waren die Mönche von Cisterz mit dem Kreuz in der Linken, mit Axt und Spaten in der Rechten, lehrend und Acker bauend, bildend und heiligend vorgedrungen. Es war ein in jenen raschen Proportionen sich mehrendes Anwachsen, wie man es auf alten Stammbäumen veranschaulicht sieht, wo, von Generation zu Generation, aus jedem einzelnen Neuzweig wieder zahllos andere neue Zweige sprießen, anwachsend zu Multiplikationen, die der bekannten Verdoppelung der Schachbrettfelder entsprechen. Fünfzig Jahre nach der Gründung des Ordens gab es 500, hundert Jahre nach der Gründung bereits 2000 Zisterzienserklöster, und Kaspar Jogelinus, ein Deutscher, hat uns allein die *Beschreibung* von 791 Zisterzienserklöstern hinterlassen. Von diesen 791 Klöstern waren 209 in Frankreich, 126 in England, Schottland und Irland und 109 in Deutschland.

Die Frage drängt sich auf, was diesem Orden zu so rapidem Wachstum verhalf und ihm, zwei Jahrhunderte lang, in allen Ländern und an allen Höfen ein alles überstrahlendes Ansehen lieh. Es waren wohl drei Ursachen, die zusammenwirkten: die gehobene Stimmung der ganzen christlichen Welt während der Epoche der ersten Kreuzzüge, die wunderbare, mit unwiderstehlicher Gewalt ausgerüstete Erscheinung des heiligen Bernhard, der, aus dem Orden heraus, bald nach Entstehung desselben erwuchs und ihn dann durchleuchtete, und endlich drittens die besondere, schon in aller Kürze angedeutete kolonisatorische Eigenart dieses Ordens, die ihn, in einer Zeit, in der geistig und physisch überall auszureden und urbar zu machen war, als ein besonders geeignetes Werkzeug sowohl in der Hand der Kirche wie auch des weltlichen Fürstentums erscheinen ließ.

1115 existierten nur fünf Zisterzienserklöster, 1119 bereits vierzehn, aber sämtlich noch innerhalb Frankreichs und auf verhältnismäßig engem Gebiet. Zwanzig Jahre später sehen wir den Orden, in immer rascherem Wachsen, von der Loire an den Rhein, vom Rhein an die Weser und endlich von der Weser bis an und über die Elbe vorgedrungen.

1180 erschienen seine ersten Mönche in der Mark.

An wenigen Orten mochten die Vorzüge dieses Ordens deutlicher hervortreten als in der Mark, weil sie nirgends ein besseres Gebiet für ihre Tätigkeit fanden. Wo die Unkultur zu Hause war, hatten die Kulturbringer ihr natürlichstes Feld. Rechnen wir die Nonnenklöster desselben Ordens mit ein, die, wenigstens was die Bekehrung, Lehre und Unterweisung angeht, die gleichen Ziele wie die Mönchsklöster verfolgten, so haben wir über zwanzig *Zisterzienserklöster* in der Mark und Lausitz zu verzeichnen, von denen die große Mehrzahl vor Ablauf eines Jahrhunderts entstand. Weder die Prämonstratenser und Kartäuser gleichzeitig mit ihnen noch auch später die die Städte suchenden Dominikaner und Franziskaner sind ihnen an Ansehn und rascher Verbreitung gleichgekommen.

Dem Zeitpunkt ihrer Entstehung nach folgen diese märkisch-lausitzischen Zisterzienserklöster wie folgt aufeinander:

Zinna, Mönchskloster, in der Nähe von Jüterbog, 1171.
Lehnin, Mönchskloster, in der Nähe von Brandenburg, 1180.
Dobrilugk, Mönchskloster, in der Lausitz, 1180-1190.
Neuzelle, Mönchskloster, in der Lausitz, 1230.
Marienfließ oder *Stepenitz*, Nonnenkloster, in der Prignitz, 1230.
Dransee, Mönchskloster, in der Prignitz, 1233.
Paradies, Mönchskloster, im Posenschen (früher Neumark), 1234.
Marienthal, Nonnenkloster, in der Lausitz, 1234.
Zehdenick, Nonnenkloster, in der Uckermark, 1249.
Friedland, Nonnenkloster, im Ober-Barnim, um 1250.
Mariensee, Mönchskloster, auf der Insel Pehlitz im Parsteiner See, zwischen Oderberg und Angermünde (Uckermark), 1258.
Marienstern, Nonnenkloster, in der Lausitz, 1264.

Klosterstift Neuzelle.

Als letztes Zisterzienserkloster in Deutschland wurde es erst 1817 säkularisiert.

Die barocke Kirche dient heute der katholischen Gemeinde als Gotteshaus

Chorin, Mönchskloster, in der Uckermark, 1273.
Marienwalde, Mönchskloster, in der Neumark, 1286.
Heiligengrabe, Nonnenkloster, in der Prignitz, 1289.
Zehden, Nonnenkloster, in der Neumark, 1290.
Bernstein, Nonnenkloster, in der Neumark, 1290.
Reetz, Nonnenkloster, in der Neumark, 1294.
Himmelpfort, Mönchskloster, in der Uckermark, 1299.
Himmelstädt, Mönchskloster, in der Neumark, 1300.
Seehausen, Nonnenkloster, in der Uckermark, 1300.

Das wichtigste unter den hier aufgezählten märkisch-lausitzischen Klöstern war wohl das Kloster Lehnin. Es wurde das Mutterkloster für diese Gegenden, aus dem Neuzelle, Paradies, Mariensee, Chorin und Himmelpfort hervorgingen.

Alle diese Klöster, mit wenigen Ausnahmen, wurden in der Mitte des sechzehnten Jahrhunderts unter Joachim II. säkularisiert. Viele sind seitdem, namentlich während des Dreißigjährigen Krieges, bis auf die Fundamente oder eine stehengebliebene Giebelwand zerstört worden, andere existieren noch, aber sie dienen der *Kultur* dieser Lande nur noch insoweit, als sie, oft in ziemlich prosaischer Weise, der *Agrikultur* dienstbar gemacht worden sind. Die Abtwohnungen sind zu Amtshäusern, die Refektorien zu Maischräumen und Brennereien geworden. Es ist allen diesen Klöstern ergangen wie ihrer großen, gemeinschaftlichen Mater, dem Kloster zu Cîteaux, selber. Den Verfall, den Niedergang, den hierzulande die Reformation still und allmählich einleitete, schuf dort die Französische Revolution auf einen Schlag. »*Auf den Trümmern der Abtei*« – so erzählt der Abbé Ratisbonne, der eine »Geschichte des heiligen Bernhard« geschrieben hat und Cîteaux um 1839 besuchte – »*erhob sich in dem genannten Jahre eine Runkelrübenzuckerfabrik, die selber wieder in Trümmer zerfallen war, und ein elender ›Schauspielsaal‹ stand an der Stelle der Mönchsbibliothek, vielleicht an der Stelle der Kirche. Die Zelle des heiligen Bernhard, die vor ohngefähr zwanzig Jahren noch existierte, hatte inzwischen einem ›Schmelzofen‹ Platz gemacht. Nur noch der Schutt der Zelle war vorhanden. Aus den bloßen Trümmermassen des Klosters waren drei Dörfer erbaut worden.*«

Stift Heiligengrabe, heute evangelisches Damenstift

Stift Heiligengrabe. Inneres der Kirche

Blühender Flieder am Kloster Zehdenick

In dieser kurzen Schilderung des Verfalls des Mutterklosters ist zugleich die Geschichte von über hundert Töchterklöstern erzählt. Auch die Geschichte der unsrigen.

Die Klöster selber sind hin. Viele von denen, die hierlands in alten Klostermauern wohnen, wissen kaum, daß es Klostermauern sind, sicherlich nicht, daß es Zisterzienser waren, die vor ihnen die Stätte innehatten. Und hörten sie je das Wort, so wissen sie nicht, was es meint und bedeutet. Und doch waren es die Pioniere, die hundert und tausend andern Kolonisten, die nach ihnen kamen, die Wege bahnten. Das Gedächtnis an sie und an das Schöne, Gute, Dauerbare, das sie geschaffen, ist geschwunden; uns aber mag es geziemen, darauf hinzuweisen, daß noch an vielen hundert Orten ihre Taten und Wohltaten zu uns sprechen. Überall, wo in den Teltow- und Barnim-Dörfern, in der Uckermark und im Ruppinschen alte Feldsteinkirchen aufragen mit kurzem Turm und kleinen niedrigen Fenstern, überall, wo die Ostwand einen chorartigen Ausbau, ein sauber gearbeitetes Sakristeihäuschen, oder das Dach infolge späteren Anbaues eine rechtwinklige Biegung, einen Knick zeigt, überall da mögen wir sicher sein – *hier waren Zisterzienser*, hier haben Zisterzienser gebaut und der Kultur und dem Christentum die erste Stätte bereitet.

Das Kloster in Dobrilugk wurde 1541 säkularisiert und von Johann Georg I. von Sachsen 1625 in ein Jagdschloß umgebaut

Kloster Lehnin

»Kapellen
Das Schiff umstellen;
In engen
Gängen
Die Lampen hängen
Und werfen ihre düstren Lichter
Auf grabstein-geschnittene Mönchsgesichter.

Nach Waltham-Abtei hierher alsdann
Sollt ihr die Leiche bringen,
Damit wir christlich bestatten den Leib
Und für die Seele singen.«
H. Heine

Lehnin war nicht nur das älteste Kloster in der Mark, es war auch, wie schon hervorgehoben, das reichste, das begütertste, und demgemäß war seine Erscheinung. Nicht daß es sich durch architektonische Schönheit vor allen andern ausgezeichnet hätte – nach dieser Seite hin wurd' es von Kloster Chorin übertroffen –, aber die Fülle der Baulichkeiten, die sich innerhalb seiner weitgespannten Klostermauern vorfand, die Gast- und Empfangs- und Wirtschaftsgebäude, die Schulen, die Handwerks- und Siechenhäuser, die nach allen Seiten hin das eigentliche Kloster umstanden, alle diese Schöpfungen, eine gotische Stadt im kleinen, deuteten auf die Ausgedehntheit und Solidität des Besitzes.

Der stattliche Mittelpunkt des Ganzen, die zahlreichen Giebel überragend, war und blieb die hohe Klosterkirche, deren mit Kupfer gedeckter Mittelturm dunkel bronzefarben in der Sonne glänzte. Diese Kirche selbst war ihrer Anlage nach eher schlicht als schön, mehr geräumig als prächtig, aber das Leben und Sterben der Geschlechter, Hoffnung und Bangen, Dank und Reue hatten die weiten Räume im Lauf der Jahrhunderte belebt, und die ursprünglich kahlen Wände und Pfeiler waren unter der Buntheit der

Dekoration, unter dem wachsenden Einfluß von Licht und Farbe, von Reichtum und Schmuck zu einem immer schöneren und immer imposanteren Ganzen geworden. Seitenaltäre mit Bildern und Kruzifixen, Nischen mit Marienbildern und Ewigen Lampen (oft gestiftet, um schwere Untat zu sühnen) zogen sich an Wand und Pfeiler hin, in den langen Seitenschiffen aber lagen die Leichensteine der Äbte, ihr Bild mit Mütze und Krummstab tief in den Stein geschnitten, während an der gewölbten Decke hin, schlanken Leibs und lächelnden Gesichts, die reichvergoldeten Gestalten der Heiligen und Märtyrer schwebten. In einer der Seitenkapellen lag der Grabstein Abt Sibolds, den die Nahmitzer erschlagen hatten. [...]

Elf Askanier lagen hier und einträchtig neben ihnen drei aus dem Hause der Hohenzollern, Friedrich mit dem Eisenzahn, Johann Cicero und Joachim I. Dieser stand nur ein einzig Jahr in der Gruft (von 1535 bis 1536), dann wurde sein Sarg, wie der Sarg seines Vaters und Großoheims, nach Berlin hin übergeführt, wo ihnen im Dom eine Stätte bereitet war. Jener Tag der Überführung der drei Särge von Lehnin nach dem Dom in Cölln an der Spree war recht eigentlich der Todestag Lehnins. Die Güter wurden eingezogen, und innerhalb zwanzig Jahren war die Umwandlung vollzogen – der Klosterhof war ein Amtshof geworden. Der Krieg kam und begann sein Werk der Zerstörung, aber schlimmer als die Hand der Schweden und Kaiserlichen, die hier abwechselnd ihr Kriegswesen trieben, griffen in Zeiten tiefsten Friedens die Hände derer ein, die am ehsten die Pflicht gehabt hätten, diese alte Stätte zu schützen und zu wahren: die Um- und Anwohner selbst. Freilich waren diese Um- und Anwohner zumeist nur solche, die weder selbst noch auch ihre Väter und Vorväter das alte Lehnin gekannt hatten. 1691 waren Landleute aus der Schweiz nach *Amt* Lehnin berufen worden, um bessere Viehzucht daselbst einzuführen. Kloster Lehnin wurde nun ein Steinbruch für Büdner und Kossäten, und Haue und Pickaxt schlugen Wände und Pfeiler nieder. Die Regierungen selbst, namentlich unter Friedrich Wilhelm I., nahmen an diesem Vandalismus teil, und weil die ganze Zeit eine die Vergangenheit schonende Pietät nicht kannte, so geziemt es sich auch nicht, dem einzelnen einen Vorwurf daraus zu machen, daß er die Anschauungsweise teilte, die damals die gültige war. Kloster Lehnin, wär es nach dem guten Willen seiner Schädiger gegangen, würde nur noch eine Trümmerstätte sein, aber das alte Mauerwerk erwies sich als fester und ausdauernder als alle Zerstörungslust, und so hat sich ein Teil des Baues, durch seine eigene Macht und Widerstandskraft, bis in unsere Tage hinein gerettet. [...]

Es ist ein trister Aufenthalt, diese Klosterkirche von Lehnin, aber ein Bild anheimelnder Schönheit tut sich vor uns auf, sobald wir aus der öden, freudlosen Kirche mit ihren hohen, weißgetünchten Pfeilern ins Freie treten und nun die Szenerie der unmittelbaren Umgebung: Altes und Neues, Kunst und Natur, auf uns wirken lassen. Innen hatten wir die nackte, nur kümmerlich bei Leben erhaltene Existenz, die trister ist als Tod und Zerstörung, draußen haben wir die ganze Poesie des Verfalls, den alten Zauber, der überall da waltet, wo die ewig junge Natur das zerbröckelte Menschenwerk liebevoll in ihren Arm nimmt. Hohe Park- und Gartenbäume, Kastanien, Pappeln, Linden, haben den ganzen Bau wie in eine grüne Riesenlaube eingesponnen, und was die Bäume am Ganzen tun, das tun hundert Sträucher an hundert einzelnen Teilen. Himbeerbüsche, von Efeuranken wunderbar durchflochten, sitzen wie ein grotesker Kopfputz auf Säulen und Pfeilerresten, Weinspaliere ziehn sich an der Südseite des Hauptschiffs entlang, und überall in die zerbröckelten Fundamente nestelt sich jenes bunte, rankenziehende Gestrüpp ein, das die Mitte hält zwischen Unkraut und Blumen. So ist es hier sommerlang. Dann kommt der Herbst, der Spätherbst, und das Bild wird farbenreicher denn zuvor. Auf den hohen Pfeilertrümmern wachsen Ebereschen und Berberitzensträucher, jeder Zweig steht in Frucht, und die Schuljugend jagt und klettert umher und lacht mit roten Gesichtern aus den roten Beeren heraus. Aber wenn die Sonne unter ist, geben sie das Spiel in den Trümmern auf, und wer dann das Ohr an die Erde legt, der hört tief unten die Mönche singen. Dabei wird es kalt und kälter; das Abendrot streift die Kirchenfenster, und mitunter ist es, als stünde eine weiße Gestalt inmitten der roten Scheiben. Das ist das Weiße Fräulein, das umgeht, treppauf, treppab, und den Mönch sucht, den sie liebte. Um Mitternacht tritt sie aus der Mauerwand, rasch, als habe sie ihn gesehn, und breitet die Arme nach ihm aus. Aber umsonst. Und dann setzt sie sich in den Pfeilerschatten und weint.

Und unter den Altangesessenen, deren Vorfahren noch unter dem Kloster gelebt, ist keiner, der das Weiße Fräulein nicht gesehn hätte. Nur die reformierten Schweizer und alle die, die nach ihnen kamen, sehen nichts und starren ins Leere. Die Alt-Lehninschen aber sind stolz auf diese ihre Gabe des Gesichts, und sie haben ein Sprüchwort, das diesem Stolz einen Ausdruck gibt. Wenn sie einen Fremden bezeichnen wollen oder einen später Zugezogenen, der nichts gemein hat mit *Alt*-Lehnin, so sagen sie nicht: »*Er ist ein Fremder oder ein Neuer*«, sie sagen nur: »*Er kann das Weiße Fräulein nicht sehn.*«

Kloster Chorin

Von den alten Baulichkeiten, wenn dieselben auch Umwandlungen unterworfen wurden, ist noch vieles erhalten; lange einstöckige Fronten, die den Mönchen als Wohnung und Arbeitsstätten dienen mochten, dazu Abthaus, Refektorium, Küche, Speisesaal, ein Teil des Kreuzganges, vor allem die Kirche. Diese, wennschon eine Ruine, richtiger eine ausgeleerte Stätte, gibt doch ein volles Bild von dem, was diese reiche Klosteranlage einst war. Schon die Maße, die Dimensionen deuten darauf hin; das Schiff ist vierundvierzig Fuß länger als die Berliner Nikolaikirche und bei verhältnismäßiger Breite um siebzehn Fuß höher. Im Mittelschiff stehen auf jeder Seite elf viereckige Pfeiler (einige zur Linken sind neuerdings verschwunden); der zwölfte Pfeiler, rechts wie links, steckt in der Mauer. Die Konsolen oder Kapitälornamente sind verschieden gestaltet und stellen abwechselnd Akanthus-, Klee- und Eichenblätter dar. Das Blattwerk zeigt hier und da noch Spuren von grüner Farbe, während der Grund rot und gelb gemalt war. Freskoartige Malereien finden sich noch in letzten Überresten im Kreuzgang; an einer stehengebliebenen Kappe zeigt sich Zweig- und Blattwerk, das ein Walnußgesträuch darzustellen scheint. Das hohe Gewölbe, welches von den Pfeilern des Mittelschiffes getragen wurde, ist seit einem Jahrhundert eingestürzt. Anstelle desselben wurde im Jahre 1772 ein Dachstuhl aufgerichtet, der seitdem das neue Dach trägt. Dies neue Dach ist niedriger, als das alte war, was sich an den Giebelwänden, besonders an dem Frontispice im Westen, noch deutlich markiert. Von den Seitenschiffen ist nur noch eins vorhanden, das nördliche; über dem niedrigen Dach desselben ragen die elf Spitzbogenfenster des Hauptschiffes auf, deren obere Steinverzierungen noch beinahe unversehrt erhalten sind.

Leider geht dieser *baulich* schönen Ruine, wie gesagt, das eigentlich *Malerische* ab. Ruinen, wenn sie nicht bloß, als nähme man ein Inventarium auf, nach Pfeiler- und Fensterzahl beschrieben werden sollen, müssen zugleich ein *Landschafts-* oder auch ein *Genrebild* sein. In einem oder im andern, am besten in der Zusammenwirkung beider wurzelt ihre Poesie. Chorin aber hat wenig oder nichts von dem allen; es gibt sich fast ausschließlich als Architekturbild. Alles fehlt, selbst das eigentlich Ruinenhafte der Erscheinung, so daß, von gewisser Entfernung her gesehen, das Ganze nicht anders wirkt wie jede andere gotische Kirche, die sich auf irgendeinem Marktplatz irgendeiner mittelalterlichen Stadt erhebt. Nur fehlt leider der Marktplatz und die Stadt. Und treten wir nun in die öden und doch wiederum nicht malerisch zerfallenen Innenräume ein, so fehlt uns eines mehr als alles andere. Wer immer auch unser Führer sein mag, und wäre er der beste, wir vermissen die stille Führerschaft von Sage und Geschichte. Alles läßt uns im Stich, und wir schreiten auf dem harten Schuttboden hin wie auf einer Tenne, über die der Wind fegte. Alles leer.

Kloster Chorin ist keine jener lieblichen Ruinen, darin sich's träumt wie auf einem Frühlingskirchhof, wenn die Gräber in Blumen stehen; es gestattet kein Verweilen in ihm, und es wirkt am besten, wenn es wie ein Schattenbild flüchtig an uns vorüberzieht. Wer hier in der Dämmerstunde des Weges kommt und plötzlich zwischen den Pappeln hindurch diesen still einsamen Prachtbau halb märchenhaft, halb gespenstisch auftauchen sieht, dem ist das Beste zuteil geworden, das diese Trümmer, die kaum Trümmer sind, ihm bieten können. Die Poesie dieser Stätte ist dann wie ein Traum, wie ein romantisches Bild an ihm vorübergezogen, und die sang- und klanglose Öde des Innern hat nicht Zeit gehabt, den Zauber wieder zu zerstören, den die flüchtige Begegnung schuf.

Märkischer Wald

Im Fläming bei Trebbin

»Und ein Haus mit Giebelspitzen
Hat uns gastlich aufgenommen,
Läßt uns freundlich niedersetzen
Auf der Bank, der blanken, alten,
Die, mitsamt dem schmalen Tische,
Dem Jahrhundert standgehalten
Hier in dieser Fensternische.«
G. Hesekiel

Ich passierte die Straßen, und überall bot sich dasselbe Bild: die Kirche so trist wie die Stadt und die Stadt so trist wie die Kirche. Hier und dort spreizte sich eine Toilette, das einzige, woran sich die Nähe der Hauptstadt erkennen ließ; aber dieser Flitter ließ die Stadt nur um so farbloser und die farblose Stadt hinwiederum den Flitter nur um so prahlerischer erscheinen.

Menschen, Häuser, Kirche, sie gaben nichts heraus!

Und doch *eine* Stelle hat auch der stillste, der verschwiegenste Ort, wo er zu dem Fremden sprechen *muß*, und erst wenn auch *hier* alles schweigt, darf man mit einiger Gewißheit vom Tode der Lebendigen sprechen.

Ich ging also hinaus. Links vorm Tore dehnt sich der Friedhof, ein ummauertes Feld. Es war ein Begräbnisplatz vor fünfzig Jahren und länger; dann gab man ihn auf, ließ die Stätte brachliegen und die Hügel verfallen. Endlich, als alles ein Grasplatz geworden, zog ein neues Geschlecht hier wieder ein. So ist der Friedhof ein ganz alter und ein ganz neuer. Der Interimsfriedhof liegt an anderer Stelle.

Nachmittagssonnenschein flimmerte um die Gräber. Auf den frisch aufgeschütteten Hügeln lagen halbverwelkte Kränze, die Blumen, die vorherrschten, waren Schwertlilien, und Akazienduft von umherstehenden Bäumen zog drüber hin. Das war anheimelnd genug. Aber nüchtern lagen die Steine, deutungslos standen die Kreuze; Nam an Name, Spruch an Spruch, nichts, was zu Herzen ging oder die Phantasie bewegte. Tot die Gräber wie drinnen die Häuser.

Und so wandt ich mich denn unwirsch in die Stadt zurück, um es drinnen unter den Menschen noch einmal zu versuchen.

Aber wohin? Man wies mir einen Metzgerladen, »*dort geb es den besten Kaffee*«. Wohlan; ich akzeptierte. Wenn man gar nichts mehr anzufangen weiß, ist das Klappern mit der Tasse noch immer das geratenste.

Des ersten Eindrucks wurd ich nicht froh. An der Ladentüre links und rechts blitzten die herkömmlichen zwei Messinghaken, und an einem dieser Haken hing ein Hammel. Ich setzte mich auf eine nebenstehende Bank und bestellte, was mir als ›Spezialität‹ gerühmt worden war. Unter einer schattengebenden Pappel stand all die Zeit über der wohlwollend und distinguiert dreinschauende Besitzer von Haus und Hof, in dem sich mehr und mehr ein gewisses Unterhaltungsbedürfnis zu regen schien. Auch in mir. Aber ich konnte nicht über die Frage weg, ob ich ihn Wirt oder Meister anreden solle. Zu meinem Glücke wußt ich damals noch nichts von seiner ›*Majors*schaft‹, ich wäre sonst in der Etiquettenfrage steckengeblieben. Endlich entschied ich mich für Wirt.

»*Eine schöne reine Luft, Herr Wirt.*«

Dies war nun eigentlich nicht der Fall, denn der Hammel hing viel zu nah, als daß ich wahrheitsgemäß eine solche Versicherung abgeben durfte. Der Angeredete jedoch schien es aufrichtig zu nehmen und *konnt* es auch vom unverwöhnten Standpunkte seines Metiers aus. Er erwiderte mir deshalb freundlich:

»*Eine schöne, reine Luft. Trebbin hat eine gute Luft.*«

Dieser Lokalpatriotismus, was sich auch gegen das Tatsächliche sagen lassen mochte, tat mir wohl, und zwar um so wohler, als ich in betreff der wenigstens damals noch auf meinem Programme stehenden ›Nutheburgen‹ allerlei Hoffnung an einen so lokalpatriotischen Ausspruch knüpfte. »Das ist dein Mann«, dacht ich. Und wirklich, was in Saarmund mißglückt war, hier konnt es gelingen. Ich fuhr also fort:

»*Sie haben ja wohl eine alte Burg hier? Burg Trebbin. Die vierte der Nutheburgen.*«

»*Nicht daß ich wüßte. Das muß vor meiner Zeit gewesen sein.*«

»*Gewiß. 700 Jahre … Und kein Burgwall? kein unterirdischer Gang? Keine Stelle, die hohl klingt?*«

»*Nicht daß ich wüßte. Mit Ausnahme der Schützengilde von 1577 …*«

»*Und kein Denkmal? keine Mumie?*«

»*Nicht daß ich wüßte. Mit Ausnahme der* …«

Es wurde mir immer klarer, auf was er mit endlich doch siegreicher Beharrlichkeit hinauswollte. Ich ließ also den Strom seiner Rede fließen und warf erst ganz zuletzt und anscheinend ohne Zusammenhang die Frage dazwischen, »*ob er jemals von dem Maler Wilhelm Hensel oder doch von dessen Vater, dem alten* Pastor *Hensel, gehört habe*«.

Ein Kopfschütteln war die Antwort und nur mit Mühe wurde festgestellt, daß der alte Pastor Hensel höchstwahrscheinlich schon vor seiner, des Wirts und Meisters, Geburt verzogen sein müsse, eine Sache, betreffs deren ich nie den geringsten Zweifel unterhalten hatte.

Das Vorfahren des Wagens und der Peitschenknips des Kutschers schnitten weitere Nachforschungen ab, wobei mich's trösten mußte, schwerlich etwas anderes als die chronologische Reihenfolge der Trebbiner Schützenkönige eingebüßt zu haben. Noch ein Hutlüpfen unsererseits, noch eine gegengrüßende militärische Handbewegung des ›Majors‹ – und unser Jagdwagen klapperte über das Pflaster hin.

Die Kirchhofstüre stand noch offen, und die Schwertlilien blühten noch.

Schloß der von Arnims in Boitzenburg.

Die Schloßanlage wurde nach 1945 durch Umbau und Abriß verunstaltet und bis 2003 wieder restauriert

Die Mark und märkische Kriegsoberste zur Zeit des Dreißigjährigen Kriegs

Ich möchte vor den Lesern ein Bild der *Mark Brandenburg* entrollen, wie dieselbe während des zweiten Drittels des 17. Jahrhunderts, also ungefähr vom Erscheinen des großen Schwedenkönigs an bis zum Schluß des Krieges, beschaffen war, und beginne mit dem Fundamentalsatz, daß ›Land und Leute‹ damals so ziemlich in allem und jedem das Gegenteil von dem waren, was wir heute um uns her erblicken.

Die Mark war ein Land der Unkultur. Eine Reise ins Brandenburgische erschien damals einem Deutschen aus dem Reich, wie uns jetzt eine Reise ins Polnische erscheint. Völlerei war an der Tagesordnung, und von Künsten und Wissenschaften, die in den Reichsstädten Mitteldeutschlands seit länger als einem Jahrhundert blühten, waren hier kaum die ersten Spuren zu finden. Was *da* war, war importiert, nicht Landesprodukt; alle Erscheinungen und Betätigungen des Lebens, auch die guten, waren Erzeugnis bloßer Instinkte; Geist und Gemüt waren roh, und neben dem ständischen Recht und der bürgerlichen Freiheit, diesen zwei Erbschätzen des deutschen Mittelalters, besaß die Bevölkerung wenig oder nichts, dessen sie sich hätte rühmen können. Der Adel war schlagfertig und kriegerisch; aber es fehlte das Edle, das der kriegerischen Gesinnung erst die Weihe gibt. [...]

Die Mark war ein Wald- und Sumpfland; der Sand, wo er überhaupt war, lag unter Moos und Tannennadeln versteckt, und nur hier und da unterbrachen einzelne Fruchtfelder das weite Einerlei, das (in kleineren Verhältnissen) halb Prairie, halb Urwald war. Diese wenigen Fruchtfelder lagen in unmittelbarer Nähe der Dörfer und Städte, und so wenden wir uns denn nunmehr der Frage zu, wie waren damals Dörfer und Städte und wie waren die Menschen, die beide bewohnten?

Die Dörfer waren armselig, Lehmkaten, von ungeschickten Händen aufgeführt und die Dorfgasse einfassend, nicht viel besser wie eine Biberkolonie. Natürlich ist keine dieser hinfälligen Lehm- und Erdhütten auf unsere Zeit gekommen, um leibhaftig als Zeuge und Beweis für die dörfische Armut damaliger Zeit auftreten zu können, aber Bilder und Beschreibungen, wenn auch unvollkommene, haben sich erhalten, und wenn selbst diese fehlten, so würde man aus der Beschaffenheit der Herrenhäuser jener Zeit kaum fehlgreifende Schlüsse auf die Beschaffenheit der damaligen Bauernhäuser ziehen können.

Die Herrenhäuser jener Epoche bestanden aus zwei Stockwerke hohen Fachwerkhäusern, wie man ihnen jetzt noch in armen Landstädtchen begegnet, zumal in solchen, in denen eine Feuersbrunst versäumt hat, für Neues und Besseres Platz zu schaffen. Hölzerne Doppeltreppen führten zur hochgelegenen Haustür; hier und dort lief entweder ein Gang, eine Galerie am ersten Stockwerk hin oder lehnte sich ein schwerfälliger Flügel an den Frontbau an, aber im übrigen herrschte äußerste Schlichtheit; nirgends ein Schmuck, ein Zierat, höchstens eine Inschrift, ein Bibelspruch, den man nach alter Vätersitte in den großen Mittelbalken des Hauses eingeschnitten hatte. In unsern Dörfern, auch in der Umgegend Berlins (ich nenne Löwenbruch und Blankenfelde), begegnet man nicht eben selten solchen ehemaligen, jetzt meist zu Wirtschaftszwecken dienenden Herrenhäusern, und angesichts derselben, die alle durch ihre äußerste Schlichtheit überraschen, läßt sich ohne Schwierigkeit ein Bild entwerfen, wie die Wohnungen der Bauern und Hörigen zu jener Zeit gewesen sein müssen.

Nur wenige Adelsfamilien, meist solche, die schon in alter Zeit geblüht hatten und einen wachsenden Reichtum aus einem Jahrhundert in das andere mit herübergenommen hatten, bewohnten auch um diese Zeit noch wirkliche Schlösser, wie etwa die Bredows und Rochows, die Arnims und die Saldern. Einzelne dieser Schlösser machten nach außen hin durchaus den Eindruck des Stattlichen, Reichen, Vornehmen; aber im Innern herrschte eine Einfachheit, die uns heute in Staunen versetzen würde. Es liegt uns, mit Hülfe eines glücklichen Ohngefährs, eine Schilderung vor, wie die Zimmereinrichtung, um die Zeit des Dreißigjährigen Krieges, in Schloß Boitzenburg war, und um das Bild zu vervollständigen, das ich von den Äußerlichkeiten der damaligen Zeit geben möchte, lasse ich dieselbe hier folgen.

In einer der Stuben befanden sich 37 Rehköpfe mit Geweihen und ein vier- und ein fünfarmiger messingner Kronleuchter; an der Wand hingen verschiedene Bilder: das jüngste Gericht, der Baum des Lebens, Jagdstücke und heidnische Darstellungen. Die Tische und Bänke waren weiß, das heißt ohne Anstrich und Politur. In der sogenannten blanken Stube befanden sich dreizehn fürstliche und kurfürstliche Konterfeis, ferner die spanische Inquisition und der Gekreuzigte. Die Wände waren mit dunkeln Gobelintapeten bekleidet, in die mit grüner Seide allerhand Darstellungen eingewirkt waren. Auch war hier ein guter eiserner Ofen, dabei aber Tische und Bänke wiederum von rohem Holz. Die Wohnstube war ohne allen Schmuck. Man sah darin einen sehr alten Kachelofen, einen alten Stuhl, mit grünem Tuch beschlagen, einen kleinen Schiefertisch, einen einfachen Holztisch, eine Bank und ein verschlossenes Spind.

Man sieht an den Gobelins, an den Kronleuchtern und der großen Zahl der Bilder, daß es keineswegs an Reichtum, vielleicht auch nicht einmal an Kunstsinn gebrach; aber alles *das* fehlte, was man als die kleine Münze der Kunst und des Luxus bezeichnen könnte. Völlig fehlte der Sinn für Natur und landschaftliche Schönheit; von Blumen an den Fenstern existierte nichts, als was der Winter an die Scheiben malte, und die Jagdlust, die mit langem Speer und klaffender Meute durch die Wälder zog, freute sich des Waldes, wie sich der Hirsch des Waldes freut. Die Frische labte, nicht die Schönheit. [...]

Gransee

Gransee

Die Trauerglocke läutet
Vom Dorfe her.
Wir wissen, was es deutet:
Sie ist nicht mehr.
Fouqué

Steig auf die Warte dort, die nach dem Feld
Hinblickt, und sag uns, was du siehst.
Schiller

Von Lindow kommend, fahren wir jetzt Gransee, der östlichsten Stadt der *Grafschaft*, zu. [...] Das Tor liegt hinter uns, und unser Wagen lärmt jetzt die Hauptstraße hinauf, an deren linker Seite die beiden Plätze der Stadt und *auf* ihnen die beiden vorzüglichsten Sehenswürdigkeiten derselben: die *Marienkirche* und das *Luisen-Denkmal*, gelegen sind. Ehe wir diese jedoch aufsuchen, benutzen wir zuvor eine kurze Rast in Klagemanns Hôtel, um mit Hülfe des Wirtes einen guten Trunk und mit Hülfe seiner Gäste die Geschichte von Gransee »frisch vom Fasse« zu schöpfen.

Die Geschichte geht weit zurück in der Zeiten Lauf, aber erst um 1262 finden wir einen Brief, in dem Markgraf Johann den Granseern das »Recht seiner alten Stadt Brandenburg« verleiht. Es fehlt nicht absolut an Diplomen und Pergamenten aus dieser und der folgenden Zeit, das meiste jedoch ist verlorengegangen, und die Geschichte der Stadt – in ihren Hauptzügen *der* aller übrigen Grafschaftsstädte nah verwandt – erzählt sich rasch.

Es ist das alte Lied: erst großes, allgemeines Dunkel, nur hier und da durch ein Streiflicht erhellt; dann Kirchen- und Klösterbau; dann Säkularisierung; dann Schweden und die Pest; dann ein Dutzend Feuersbrünste mit Hinrichtung dieses oder jenes Brandstifters; dann Beglückung der Stadt durch ein paar Garnison- oder Invalidencompagnien, und in der Regel damit zusammenfallend: Benutzung alter Klostermauern zu Schul-, Kasernen- und Gefängniszwecken. In dieser Aufzählung ist nicht nur die Geschichte der Stadt, sondern zugleich auch die Charakteristik der einzelnen Jahrhunderte gegeben, wobei sich's trifft daß das siebzehnte immer als das traurigste, das achtzehnte immer als das prosaischste auftritt.

Die große Zeit Gransees war wohl (wie für so viele Städte unsrer Mark) das sechzehnte Jahrhundert, die Joachimische Zeit. Damals gedieh alles, und das Kleinbürgertum wuchs fast über sich hinaus. Eine achtzehn Fuß hohe Mauer, mit fünfunddreißig Wachttürmen besetzt umzirkte die Stadt, aus deren Mitte die schon genannte Marienkirche aufstieg und über Mauer und Wachttürme hinweg weit ins Ruppinsche und Uckermärkische hineinsah. Es war eine feste Stadt, vielleicht die festeste der Grafschaft. Gräben und Wälle blieben bis in den Anfang des vorigen Jahrhunderts, wo sie applaniert und zu Anlagen umgeschaffen wurden, so daß damals, wohl der Zahl der Häuser entsprechend, 321 Gärten die stehengebliebene Stadtmauer umgaben. Ob diese Zahl dieselbe geblieben ist, vermag ich nicht anzugeben, aber auch *jetzt* noch erschließt einem ein Rundgang um Gransee, besonders um seine Nordhälfte, die ganze landschaftliche Lieblichkeit einer kleinen märkischen Stadt. Nach der einen Seite hin, in breiter Fläche, Wasser, Wald und Wiese, nach der andern aber, im Schatten alten Mauerwerks, eine stattliche Reihe von Blumenbeeten und, eingeschoben in diese, jener von weißen und schwarzen Kreuzen überragte Garten, der beflissen ist, uns mit Fliederduft und Vogelsang über die Bitterkeit des Scheidens hinwegzutäuschen.

Aber dieser ›Gang um die Stadt‹ war bestimmt, erst gegen Abend und bei niedergehender Sonne zu mir zu sprechen. *Noch* war heißer Mittag, und wo hätt ich zu dieser Stunde besser Schutz gefunden als in der dämmerkühlen Kirche der Stadt.

Die Marienkirche, deren Pfeiler bis in den Anfang des dreizehnten Jahrhunderts zurückdatieren, ist ein ursprünglich romanischer Bau, mit Gewölben aus der gotischen Epoche. Was diese Kirche, die von keiner in der Grafschaft übertroffen wird, auch schon äußerlich auszeichnet, ist die reiche Verwendung des vierblättrigen Kleeblatts. Allerdings begegnet man diesem Ornament innerhalb der Backsteingotik unserer Mark an den verschiedensten Stellen, aber nirgends in gleicher Überschwenglichkeit wie hier. Nicht nur band- und bortenartig tritt es uns an Fries und Strebepfeilern entgegen, sondern die betreffenden Bänder und Borten verbreitern sich auch zu ganzen Flächen, so daß tapetenartige Wirkungen erzielt werden, ähnlich denen an modernen Berliner Bauten, wo man mit Stein, als ob es sich um eine Tapisseriearbeit handle, Muster und Figuren herzustellen beginnt.

Die Marienkirche hat *zwei* Türme, die des Vorzugs genießen, *beide* fertig zu sein, und sich nur dadurch unterscheiden, daß die Spitze des einen völlig *massiv*, die des andern als eine bloße *Holzkonstruktion* in die Höhe steigt. Als Grund für diese Verschiedenheit wird diplomatische Rücksicht angegeben, und zwar Rücksicht auf die rivalisierenden Mächte der Maurer- und Zimmermeister. Was dem einen recht war, war dem andern billig.

Klosterruine Lindow

Lindow

Wie seh ich, Klostersee, dich gern!
Die alten Eichen stehn von fern
Und flüstern, nickend, mit den Wellen.

Und Gräberreihen auf und ab;
Des Sommerabends süße Ruh
Umschwebt die halbzerfallnen Grüfte.

Lindow ist so reizend wie sein Name. Zwischen drei Seen wächst es auf, und alte Linden nehmen es unter ihren Schatten.

Seine Vorgeschichte versagt; alles Archivalische ward ein Raub der Flammen, und nur mit hoher Wahrscheinlichkeit ist anzunehmen, daß das Kloster eher da war als die Stadt.

Kloster Lindow wurde gegen Ende des zwölften oder Anfang des dreizehnten Jahrhunderts von dem Grafen Gebhard von Ruppin und Lindow als ein Prämonstratenser-Nonnenkloster gegründet und empfing zu Ehren des Stammhauses der Familie (Lindow im Anhaltischen) seinen Namen.

Die *Stadt* entstand aus Ansiedlungen; Handwerker und Ackersleute kamen, die den Schutz des Klosters suchten. Und diese Beziehungen blieben durch alle Jahrhunderte hin und überdauerten den Bestand des *Klosters* bis in unsere Tage hinein. 1574 wurde dem lutherischen Rektor sein Gehalt ansehnlich erhöhet, »*weil er, zu seinen geringen Einkünften, nur einen ›freien Tisch auf dem Klosterhofe‹ habe*«, und noch 1748 schenkte die Konventualin Anna Juliane von der Kettenburg 100 Taler an die Stadt mit dem Bedingnis, »*daß von den Zinsen dieser Summe das Schulgeld für arme Kinder bezahlt werde*«. Welchen beiden Notizen wir, außer dem Fortbestande guter Beziehungen zwischen dem Kloster und dem städtischen Gemeinwesen, auch gleichzeitig entnehmen können, daß man finanziell in *Stadt* Lindow nicht auf Rosen gebettet war.

Auch im *Kloster* war man es, aller Guttaten unerachtet, *nicht* mehr, seit im Jahre 1542 die Säkularisation und die Umwandlung der Klostergüter in kurfürstliche Domainen begonnen hatten. Zwanzig Jahre vorher, beim Erlöschen des gräflichen Hauses Ruppin, hatte das Kloster auf seiner Höhe gestanden. Es war damals eines der reichsten Stifter in der Mark und besaß außer der *Stadt* Lindow achtzehn Dörfer, zwanzig wüst liegende Feldmarken, neun Wassermühlen und alle die Seen, die teils innerhalb des Großen Menzer Forstes, teils am Rande desselben gelegen sind, darunter auch den Großen Stechlin. Die Gesamtbodenfläche, die damals dem Jungfrauenkloster zugehörte, darf man auf vier Quadratmeilen schätzen, reichte mithin, wie Bratring spöttisch schreibt, »*vollkommen aus, um fünfunddreißig Nonnen, einer Äbtissin und einem Propst ein einigermaßen gemächliches Leben zu sichern*«. Man kann dies zugeben, aber es den Bevorzugten auch neidlos gönnen, und zwar um so lieber und leichter, als ihr Glück, von jenem Kulminationspunkt an gerechnet, nur noch von kürzester Dauer war. Es ging galoppierend zu Ende. Wohl war am Heiligendreikönigstage 1530 den lindowschen Nonnen ihr Besitz zu »*ewigem Eigentum*« aufs neu bestätigt worden, aber ehe noch die Mitte des Jahrhunderts heran war, war die Säkularisation bereits ausgesprochen und das »*ewige Eigentum*« verflogen. Aus dem Kloster Lindow wurde nunmehr ein ›Fräuleinstift zu Lindow‹, und an die Stelle der Äbtissin und ihrer fünfunddreißig Nonnen trat eine Domina mit vier Fräuleins; das Gesamteinkommen aber sank allmählich auf 1000 Taler und das Grundeigentum von vier Quadratmeilen auf – 100 Morgen.

Unter den Dominas, soweit ihre Namen überhaupt noch auf uns gekommen sind, finden wir fast ausschließlich Adelsnamen aus Ruppin und Havelland: Elisabeth von Zieten 1557, Anna von Gühlen 1625, Katharina von Döberitz 1685, Anna Hedwig von Fratz 1709, Maria Elisabeth von Quast 1736, Ilse Margarete von Rochow und Anna Elisabeth von Bredow, letztere beide ohne Zahlenangabe.

Unser Weg führt uns von Alt Ruppin auf Lindow zu. Die nur durch ihre *Lage* reizende Stadt kann uns durch ihre Straßen und Plätze nicht fesseln, aber jenseits derselben, wo sich die Schmalung zwischen dem Gudelack- und dem Wutz-See wieder zu weiten beginnt, werden wir, nach rechts hin, eines Konglomerates von Häusern und Ruinen ansichtig, um welches sich eine niedrige Steinumwallung: die Einfriedigung von *Kloster* Lindow, zieht. Wir lassen halten, überklettern die gerad an dieser Stelle weder Tür noch Pforte zeigende Mauer und befinden uns auf einer von prächtigen alten Bäumen überragten *Parkwiese*, die, den verschiedensten Bestimmungen dienend, all ihre Verschiedenheiten wieder in eine höhere Einheit zusammenfaßt.

Die schönsten Teile dieser Parkwiese sind die, wo begraben wird. Von dem richtigen Gefühl ausgehend, daß Leben und Tod Geschwister sind, die sich nicht ängstlich meiden sollen, hat man hier die *Spiel-* und *Begräbnisplätze* dicht nebeneinander gelegt, und dieselben Blumen blühen über beide hin. Aber der Tod, so gemütlich er mit dem Leben zu leben weiß, hat doch innerhalb seiner eignen Gebiete nicht ganz auf Scheidungen und Standesunterschiede verzichtet, die nun, so scheint es, Zeugnis ablegen sollen, daß wir uns hier auf dem Grund und Boden eines adligen Fräuleinstiftes befinden. Im Leben »leben und leben lassen«, aber im Tode – Rangordnung! So begegnet man denn Steinen und Grabkreuzen an drei verschiedenen Punkten des Parkes, und während die *Dienstleute* samt den Beamten an einer, die *Gäste* des Klosters an einer andern Stelle ruhn, ist den *Stiftsdamen* eine dritte Stelle vorbehalten geblieben. In zwei Reihen, zu beiden Seiten einer alten Rüsterallee, liegen sie hier in hoch aufgemauerten Gräbern, von denen übrigens keines über den Anfang des vorigen Jahrhunderts zurückreicht. In deutlichen Buchstaben sprach nur noch das Grab der letztverstorbenen Domina zu mir, stattlicher aber war ein älterer Stein, unter dem (wenn ich das Wappen richtig erkannt) eine von Pannewitz ihren letzten Schlummer schlief. […]

Ein Reichtum, der zur Pflege des *Schönen* führt, erfreut immer wieder mein Herz und tat es auch *hier.* Aber beinah wohltuender noch berührte mich die Wahrnehmung, daß das Fehlen einer Grenz- und Scheidelinie zwischen Klostergrund und Gartenanlage wenigstens an *dieser* Stelle kein bloßer Zufall war. Diese Scheidelinie fehlte, weil der Trennungsstrich auch in den Herzen *nicht* vorhanden ist und der Besitzer des Gartens Frieden und Freundschaft hält mit den Klosterfrauen von drüben.

Theodor-Fontane-Denkmal in Neuruppin

Am 27. März 1819 waren meine Eltern in Ruppin eingetroffen; am 30. Dezember selbigen Jahres wurde ich daselbst geboren. Es war für meine Mutter auf Leben und Sterben, weshalb sie, wenn man ihr vorwarf, sie bevorzuge mich, einfach antwortete: »Er ist mir auch am schwersten geworden.« In dieser bevorzugten Stellung blieb ich lange, bis nach achtzehn Jahren ein Spätling, meine jüngste Schwester, geboren wurde, bei der ich Pate war und sie sogar über die Taufe hielt. Das war eine große Ehre für mich, ging aber mit meiner Dethronisierung durch eben diese Schwester Hand in Hand. Als jüngstes Kind rückte sie selbstverständlich sehr bald in die Lieblingsstellung ein.

Ostern 1819 hatte mein Vater die Neu-Ruppiner Löwen-Apotheke in seinen Besitz gebracht. Ostern 1826, nachdem noch drei von meinen vier Geschwistern an eben dieser Stelle geboren waren, gab er diesen Besitz wieder auf. Dieser frühe Wiederverkauf des erst wenige Jahre zuvor unter den günstigsten Bedingungen, man konnte sagen ›für ein Butterbrot‹, erstandenen Geschäfts wurde später, wenn das Gespräch darauf kam, immer als verhängnisvoll für meinen Vater und die ganze Familie bezeichnet. Aber mit Unrecht. Das ›Verhängnisvolle‹, das sich viele Jahre danach – glücklicherweise auch da noch in erträglicher Form, denn mein Papa war eigentlich ein Glückskind – einstellte, lag nicht in dem Einzelakte dieses Verkaufs, sondern in dem Charakter meines Vaters, der immer mehr ausgab, als er einnahm, und von dieser Gewohnheit, auch wenn er in Ruppin geblieben wäre, nicht abgelassen haben würde. Das hat er mir, als er alt und ich nicht mehr jung war, mit der ihm eigenen Offenheit viele, viele Male zugestanden. »*Ich war noch ein halber Junge, als ich mich verheiratete*«, so hieß es dann wohl, »*und aus meiner zu frühen Selbständigkeit erklärt sich alles.*« Ob er darin recht hatte, mag dahingestellt sein. Er war überhaupt eine ganz ungeschäftliche Natur, nahm ihm vorschwebende Glücksfälle für Tatsachen und überließ sich, ohne seiner auch in besten Zeiten doch immer nur bescheidenen Mittel zu gedenken, der Pflege ›nobler Passionen‹. Er begann mit Pferd und Wagen, ging aber bald zur Spielpassion über und verspielte, während der sieben Jahre von 1819 bis 26, ein kleines Vermögen. Der Hauptgewinner war ein benachbarter Rittergutsbesitzer. Als mir dreißig Jahre später der Sohn dieses Rittergutsbesitzers eine kleine Summe Geld lieh, sagte mein Vater: »*Das stecke nur ruhig ein; sein Vater hat mir ganz allmählich zehntausend Taler in Whist en trois abgenommen.*« Vielleicht war diese Zahl zu hoch gegriffen, aber wie's damit auch stehen mochte, die Summe war jedenfalls bedeutend genug, um sein Credit und Debet außer Balance zu bringen, und ihn, neben andrem, auch zu einem sehr säumigen Zinszahler zu machen. Dies wäre nun, unter gewöhnlichen Verhältnissen, wo man etwa zu Hypotheken-Einschreibungen und ähnlichem hätte greifen können, eine Zeitlang ganz ertragbar gewesen; zum Unglück aber traf es sich so, daß meines Vaters Hauptgläubiger sein eigener Vater war, der nun Gelegenheit nahm, seinem nur zu berechtigten Unmute, sei's in Briefen, sei's bei persönlichen Zusammenkünften, Ausdruck zu geben. Das Bedrückliche der Situation zu steigern, sahen sich diese Vorwürfe durch meine ganz auf schwiegerväterlicher Seite stehende Mutter unterstützt, bzw. verdoppelt. Kurzum, je weiter die Sache gedieh, je mehr geriet mein Vater zwischen zwei Feuer, und lediglich um aus dieser sein Selbstgefühl beständig verletzenden Lage herauszukommen, entschloß er sich zum Verkauf seines Besitztums, dessen besondere Ertragsfähigkeit ihm, trotzdem er das Gegenteil von einem Geschäftsmann war, so gut wie jedem anderen einleuchtete. Seine ganze Rechnung dabei stellte sich überhaupt – wenigstens zunächst und von seinem Standpunkte aus angesehen – als durchaus richtig und vorteilhaft heraus. Er erhielt nämlich beim Verkauf der Apotheke das Doppelte von dem, was er seinerzeit gezahlt hatte, und sah sich dadurch mit einemmal in der Lage, seine Gläubiger, die zugleich seine Ankläger waren, zufriedenstellen zu können. Das geschah denn auch. Er zahlte seinem Vater die vorgeschossene Summe zurück, fragte seine Frau, halb scherzhaft, halb spöttisch, ob sie ihr Vermögen vielleicht »sicherer und vorteilhafter« anlegen wolle, und erreichte dadurch das, wonach er sich sieben Jahre lang gesehnt hatte: Freiheit und Selbständigkeit. Aller lästigen Bevormundung überhoben, war er plötzlich so weit, *»sich nichts mehr sagen lassen zu müssen«*. Und das war recht eigentlich der Punkt, um den sich's sein Lebelang für ihn handelte. Danach dürstete er von Jugend an bis in sein Alter; weil er's aber nicht gut einzurichten verstand, so ist er zu dieser ersehnten Freiheit und Selbständigkeit immer nur tag- und wochenweise gekommen. Er war, um einen seiner Lieblingsausdrücke zu gebrauchen, beständig in der ›Bredouille‹, sah sich finanziell immer beunruhigt und gedachte deshalb der nun anbrechenden, zwischen Ostern 1826 und Johanni 1827 liegenden kurzen Epoche bis zu seinem Lebensausgange mit besonderer Vorliebe. Denn es war die einzige Zeit für ihn gewesen, wo die ›Bredouille‹ geruht hatte.

Blick auf Alt Ruppin

Boltenmühle am Tornowsee (Ruppin)

Zwischen Zermützel- und Tornow-See

»Mein Bier und Wein ist frisch und klar,
Mein Töchterlein liegt auf der Totenbahr.«
Uhland

Bald hinter der ›Stendenitz‹ liegt Dorf und See Zermützel.

Der auf der Höhe laufende Weg schlängelt sich in einiger Entfernung am Ufer hin und berührt dabei mehrere Hügel und Vorsprünge, die die verschiedensten Bezeichnungen führen. Einer heißt der »Totenberg« und macht seinem Namen Ehre, trotzdem er seine Gruselwirkung mit den einfachsten Mitteln erzielt. Ackerfurchen überall, und nur den ›Totenberg‹ umkreisen sie wie Parallelen eine gefürchtete Festung. Eine dieser Linien, vielleicht von einem dörfischen Freigeist gezogen, rührt schon an den Zauberkreis, aber auch nur, um plötzlich wieder abzubrechen. Eine alte Kiefer hält Wacht, und so weit ihre Nadeln fallen, ist verbotener Grund. Schädel liegt da an Schädel, so heißt es. Natürlich aus der Schwedenzeit. Wo das Dunkel beginnt, fangen Torstenson und Wrangel an.

Vom ›Totenberg‹ sind nur noch wenig hundert Schritt bis zu Dorf Zermützel und seinem See. Wir fahren aber an beiden vorüber und halten uns nordwärts auf eine *dritte* Wasserfläche zu, die den Namen führt: der Tornow-See.

Da wo der Weg den See trifft, trifft er auch ein von Birken und Obstbäumen überschattetes Haus, das jetzt still und glücklich daliegt, als streck ihm der segenspendende Herbst seine vollste Hand entgegen.

Aber ich entsinne mich eines anderen Tages hier.

Im Januar war's. Alles, was einen Pelz und eine Büchse hatte, war auf den Beinen, und seit Tagesgrauen knallte es im Wald und an den drei Rhinseen hin: am Tornow-, Molchow- und Zermützel-See. Zu zehn Uhr war *hier*, unter diesem Dache, das Frühstück angesagt, und keiner fehlte. Da waren die Förster und Oberförster: Berger von Alt Ruppin, Conrad von Rottstiel, Kuse von Pfefferteich, dazu der Grafschaftsadel mitsamt den Offizieren der Garnison und nicht zum letzten die städtischen Nimrods, die nie genug haben an Billard und Kegelspiel und denen nur wohl ist wenn sie zu Füßen eines Sechzehnenders schlafen.

Das Frühstück war kalte Küche; desto heißer aber war der Grog. Über dem Herdfeuer hing ein Kessel, brodelnd und dampfend, und die Büdnersleute gingen auf und ab, um überall, wo man's begehrte, mit ihrem kochenden Wasser auszuhelfen. Der Mischung besserer Teil aber floß aus den eigenen Flaschen. Und siehe da, Pelze, Grog und Tabak schufen alsbald eine wunderlich dicke Luft, eine Wolke, darauf die Göttin der Jagdanekdote saß und orakelte. Nein, *nicht* orakelte – ihren klassischen Aussprüchen fehlte jedes Dunkel.

Aber sonderbar, die Büdnersleute waren heute so still und ernst und pflegten doch sonst bei jeder Derbheit, die laut wurde, mit einzustimmen. Endlich trat ich an die Alte heran und fragte leise: »*Wo ist Hannah?*« Erst schüttelte sie den Kopf, aber sich besinnend, nahm sie mich rasch bei der Hand und führte mich über den Flur weg in eine Kammer, die gerade hinter dem Zimmer gelegen war, in dem die Jäger ihren Imbiß nahmen. Einen Augenblick sah ich nichts, empfing doch die Kammer all ihr Licht von einer kaum zwei Hand breiten Öffnung her, durch die der Schnee, vom Winde getrieben, eben in kleinen Flocken hineinstiebte. Die Frau, während ich mich noch zurechtzufinden suchte, war inzwischen an ein Strohlager dicht unterm Fenster getreten und schlug ein Laken zurück, das über das Stroh hin ausgebreitet war. Da lag Hannah, die Augen geschlossen, in keinem andern Schmuck als dem ihres langen Haares. Dann deckte die Alte das Laken wieder über und schlich aus der Kammer und ließ mich allein. Und der Schnee trieb immer heftiger durch das Fenster und schüttete vor der Zeit einen Hügel über der Toten auf.

In zehn Minuten war alles wie verändert. Einer hatte geplaudert. »*Warum hielt er nicht den Mund?*« – »*Ich fahre nach Haus.*« – »*Ich auch.*« So ging es hin und her. Die meisten aber nahmen's leicht oder gaben sich doch das Ansehn davon, und eine Stunde später knallten die Büchsen wieder an allen drei Seen hin. Aber das Bild Hannahs stand zwischen dem Schuß und seinem Ziel, und kein Hirsch wurde mehr getroffen. Oberförster Berger stieß mit dem Fuß an den Stecher, und die Kugel pfiff ihm am Ohr hin, während das Feuer seinen Bart versengte.

Es war eine »*wehvolle Jagd*«, wie's in alten Balladen heißt.

Klosterruine Himmelpfort

Schloß Rheinsberg

Das Schloss in Rheinsberg. Anblick vom See aus.

Die alte Glocke zu Rheinsberg, die in mehr charakteristischen als poetischen Alexandrinern die Inschrift trägt:

Des Feuers starke Wut riß mich in Stücken nieder,
Mit Gott durch Meyers Hand ruf ich doch Menschen wieder

– schlägt eben vier und läßt uns die Vermutung aussprechen, daß selbst der Nachmittagsschlaf eines vierundachtzigjährigen Kastellans nunmehr zu Ende sein könne. Unser heiterer Freund antwortet mit einem ungläubigen »wer weiß«, ist aber nichtsdestoweniger bereit, die Führung bis ins *Schloß* zu übernehmen und uns seinem »Gevatter« vorzustellen. Unterwegs warnt er uns in humoristischer Weise vor den Bildererklärungen und Namensunterstellungen des Alten. »*Sehen Sie, meine Herren, er hat eine Liste, auf der die Namen sämtlicher Portraits verzeichnet stehen, aber er nimmt es nicht genau mit der* Verteilung *dieser Namen. Einige Portraits sind fortgenommen und in die Berliner Galerien gebracht worden, was unsern Gevatter aber wenig kümmert; er stellt ihnen, nach wie vor, Personen vor, die sich gar nicht mehr im Schlosse zu Rheinsberg befinden. Prinzeß Amalie namentlich, die schon bei Lebzeiten soviel Schweres tragen mußte, muß auch im Tode noch allerlei Unbill über sich ergehen lassen, und jedes Frauenportrait, das der Wissenschaft der Kunstkenner und Antiquare bisher gespottet hat, ist sicher, als ›Schwester Friedrichs des Großen‹ genannt zu werden. Sie werden sie in Hofkostüm, in Phantasiekostüm und in Maskenkostüm kennenlernen; besonders mach ich Sie auf ein Kniestück aufmerksam, wo sie in Federhut und schwarzem Muff erscheint. Die Kehrseite des Bildes wäre Wohltat gewesen.*«

Unter solchem Geplauder haben wir die der Stadt zu gelegene Rückseite des *Schlosses* erreicht, passieren den Schloßhof, steigen in ein bereitliegendes Boot und fahren bis mitten auf den See hinauf. Nun erst machen wir kehrt und haben ein Bild von nicht gewöhnlicher Schönheit vor uns. Erst der glatte Wasserspiegel, an seinem Ufer ein Kranz von Schilf und Nymphäen, dahinter ansteigend ein frischer Gartenrasen und endlich das Schloß selbst, die Fernsicht schließend. Nach links hin dehnt sich der See; wohin wir blicken, ein Reichtum von Wasser und Wald, die Bäume nur manchmal gelichtet, um uns irgendein Denkmal auf den stillen Grasplätzen des Parks oder eine Marmorfigur oder einen ›Tempel‹ zu zeigen.

Das Schloß war in alten Tagen ein gotischer Bau mit Turm und Giebeldach. Erst zu Anfang des vorigen Jahrhunderts trat ein Schloßbau in französischem Geschmack an die Stelle der alten Gotik und nahm dreißig Jahre später unter Knobelsdorffs Leitung im wesentlichen die Formen an, die er noch jetzt zeigt. Eine Beschreibung des Schlosses versuch ich nur in allgemeinsten Zügen. Es besteht aus einem Mittelstück (corps de logis) und zwei durch eine Kolonnade verbundenen Seitenflügeln. In Front der See. Mehr eine Eigentümlichkeit als eine Schönheit bilden ein paar abgestumpfte Rundtürme, die sich an die Giebel der Seitenflügel anlehnen und deren einem es vorbehalten war, zu besonderer Berühmtheit zu gelangen.

Langsam nähern wir uns wieder dem Ufer, befestigen den Kahn am Wassersteg und schreiten nun plaudernd unsren Weg zurück. [...]

Zunächst also die Zimmer des Kronprinzen, des nachmaligen »großen Königs«. Sie befinden sich in *beiden* Flügeln, wenn man, wie billig, den großen Konzertsaal mit hinzurechnet, den Konzertsaal, in welchem unter Leitung Grauns und unter Mitwirkung des Kronprinzen die klassischen Kompositionen jener Epoche zur Aufführung kamen. Dieser Konzertsaal befindet sich (immer von der Seefront aus) im *linken* Flügel des Schlosses, von dem aus seine hohen Fenster einerseits auf den Schloßhof, andrerseits auf das »Kavalierhaus« und einen vorgeschobenen Teil der Stadt herniederblicken. Er ist etwa vierzig Fuß lang, fast ebenso breit und vortrefflich erhalten. Die Wände sind von Stuck und die Fensterpfeiler mit Spiegeln und Goldrahmen reich verziert; eine Hauptsehenswürdigkeit aber ist das große Deckengemälde von Pesne, das dieser, nach einem den Ovidschen *Metamorphosen* entlehnten Vorwurf, im Jahre 1739 hier ausführte. Der Grundgedanke ist: »*die aufgehende Sonne vertreibt die Schatten der Finsternis*« oder, wie einige es ausgelegt haben, »*der junge Leuchteprinz vertreibt den König Griesegram*«. Die Technik ist vortrefflich, und wie immer man auch über pausbäckige Genien und halbbekleidete Göttinnen denken mag, in dem Ganzen lebt und webt eine künstlerische Potenz, gegen die es nicht gut möglich ist sich zu verschließen. Schinkel soll unter dem Einfluß dieses Deckengemäldes die große Komposition entworfen haben, die sich jetzt al fresco in der Säulenhalle des Berliner Alten Museums befindet. Was übrigens den Konzertsaal selber angeht, so fand innerhalb desselben, im Sommer 1848, ein etwas in Rot getauchtes Ruppin-Rheinsbergisches Gesangfest statt, das eigentümlich gestört wurde. Man war eben auf der »Höhe der Situation«, als sich plötzlich eine halbe Stuckwand loslöste und mitten in den entsetz-

Schloß Rheinsberg. Anblick vom See aus

ten Sängerkreis hineinfiel. Alles stob auseinander. Das Mauerwerk des alten Schlosses hatte sich aus seinen friderizianischen Erinnerungen heraus empört.

Dieser linke Flügel enthält außer dem Konzertsaal noch zehn oder zwölf kleinere Räume, von denen einige die Zimmer der Prinzeß Amalie heißen, während der Rest sich ohne jeden Namen begnügen muß. Diese »Namenlosen« sind die einzigen Räume des Schlosses, die noch eine praktische Verwendung finden. In ihnen logieren die Hausministerialbeamten, die hier gelegentlich eintreffen, um nach dem Rechten zu sehen. Es macht einen ganz eigentümlichen Eindruck, wenn man nach Passierung einer langen Reihe von Zimmern, die nur immer die Vorstellung in uns wachriefen, »hier muß der oder der gestorben sein«, plötzlich in ein paar Räume tritt, die liebe Rückerinnerungen an die Tage eigenen Chambre-garnie-Lebens in uns wecken. Die kleinen Bettstellen von Birkenmaserholz, die roten Steppdecken von allersimpelstem Kattun, die Waschtoiletten mit dem Klappdeckel und die beinah faltenlosen Zitzgardinen, als habe das Zeug nicht ganz gereicht, alles hat den schlichtbürgerlichsten Charakter von der Welt, und das eitle Herz freut sich der Wahrnehmung, daß man in Schlössern schläft wie anderswo.

Doch vergessen wir über diesem stillen Behagen nicht unsere eigentliche Aufgabe, und wenden wir uns lieber jenem *kleinen Arbeitszimmer* zu, das, mit noch größerem Recht als der Konzertsaal, den Namen des großen Königs führt.

Dies Arbeitszimmer liegt im *rechten* Flügel des Schlosses, und zwar in dem kleinen Rundturm, der den Hügel nach vorn hin abschließt. Wir passieren abermals eine lange Zimmerreihe, bis wir endlich in ein kleines und halbdunkles Vorgemach treten, das sein Licht nur durch eine Glastür empfängt. Dies halbdunkle Vorgemach enthielt die kleine Bibliothek, die Friedrich der Große bald nach seiner Thronbesteigung nach Potsdam schaffen ließ; das davorliegende Zimmer aber, von dem uns nur noch die Glastür trennt, ist das Arbeitszimmer selbst. Nur sehr klein (höchstens zwölf Fuß im Quadrat), hat es nach drei Seiten hin eine entzückende Aussicht über Wald und See. Vor 140 Jahren muß es auch in seiner Ausstattung einen durchaus heiteren und angenehmen Eindruck gemacht haben. Es ist ein Achteck, das mit drei Seiten in der Mauer steckt, während fünf Seiten frei und losgelöst nach vorn hin liegen. Das Ganze setzt sich abwechselnd aus Wand- und Glasflächen zusammen: vier Paneelwände, drei Nischenfenster und eine Glastür. Die Fensternischen sind sehr tief und boten deshalb Raum zur Aufstellung von Polsterbänken, die sich an beiden Seiten entlangziehen. An den Paneelwänden stehen altmodische

Lehnstühle mit *versilberten* Beinen und schlechten, dunklen Kattunüberzügen. Über den Lehnstühlen aber, in ziemlicher Höhe, sind Konsolen mit den Büsten Ciceros, Voltaires, Diderots und Rousseaus angebracht. In die Holzbekleidung ist vielfach Spiegelglas eingelassen, während sich zu Häupten der Eingangstür allerlei Zeichen des Freimaurerordens befinden und abermals ein Pesnesches Deckengemälde den Plafond bedeckt. Dasselbe zeigt die *Ruhe beim Studieren*; ein Genius überreicht der sitzenden Minerva ein Buch, auf dessen Blättern man die Namen Horaz und Voltaire liest. Das Bild hat verhältnismäßig gelitten und kann überhaupt mit der glänzenden Schöpfung desselben Meisters im Konzertsaale nicht verglichen werden. In der Mitte des Zimmers steht auf vergoldeten Rokokofüßen und etwa von der Größe moderner Damenschreibtische der *Arbeitstisch* des Prinzen. Seine Schreibplatte liegt schräg und kann aufgeklappt werden. Sie war ehedem mit rotem Samt überzogen, hat aber nicht nur die Farbe, sondern auch den ganzen Samtstoff längst verloren. Der Samt wird bekanntlich auf eine Unterschicht von festem Zeug aufgetragen. Diese Unterschicht war 1853, als ich Rheinsberg zum ersten Male besuchte, noch ziemlich intakt vorhanden. Seitdem aber haben sich die Dinge sehr zum Schlimmeren verändert. Nicht die Hälfte mehr existiert von diesem Unterzeug, und man kann deutlich sehen, wie die Federmesser, je nach der Charakteranlage der Besucher, mal größere, mal kleinere Karos herausgeschnitten haben. Ich liebe nicht die Kastellane, die einen durch ihren Diensteifer um die Möglichkeit eines ruhigen Genusses bringen, aber ebensowenig mag ich jenen das Wort reden, die voll mißverstandener Nachsicht ein Auge da zudrücken, wo sie's aufmachen sollten.

An der Wallfahrtskirche in Wilsnack (heute Bad Wilsnack)

1383, am 16. August, steckte *Heinrich von Bülow* – ganz nach Art der Bassewitz und Königsmarck, deren Fehde sich gegen Kyritz und Perleberg gerichtet hatte – Dorf *Wilsnack* in Brand, bei welcher Gelegenheit auch das Kirchlein ausbrannte. Der Priester des Dorfes aber grub einige Zeit danach im Schutt umher, um das eine oder andere vielleicht noch zu retten, und fand auch in einer Vertiefung des steinernen Altars eine Hostienbüchse, deren drei geweihte Hostien weder verbrannt noch verkohlt, sondern wie mit Blut gefärbt waren.* Er machte davon Anzeige nach Havelberg hin, und der Bischof Dietrich Mann kam, um sich über das Mitgeteilte zu vergewissern. Er fand alles bestätigt; auch der Erzbischof von Magdeburg stimmte zu, so daß schon 1384, ein Jahr nach dem Brande, das Wallfahrten begann. Als bald danach Johann von Wepelitz, an Dietrich Manns Stelle, den Havelberger Bischofsstuhl bestieg, war das »Heilige Blut von Wilsnack« schon in der ganzen christlichen Welt berühmt. Es kamen Pilger nicht nur aus der Mark und allen Teilen Deutschlands, auch aus Schweden, Dänemark, Norwegen, Polen und Ungarn. Die Ungarn kamen alle Jahr an 400 Mann stark und unterhielten ein Wachslicht von solcher Größe, daß es oben von dem hoch gelegenen Orgelchor her angesteckt werden mußte. Der Andrang war so groß, daß die durch den Dorfbrand verarmten Bauern sich als Gastwirte wieder auftaten, Handwerker gesellten sich ihnen, um für *das* Sorge zu tragen, was die Tausende von Pilgern brauchten, und so wuchs die Stätte derart, daß man ihr Wall und Mauern und ein Stadtrecht gab. Allerlei Mittel dienten ebenso zur Bereicherung der Wilsnacker Kirche wie des Havelberger Stifts überhaupt. Eines dieser Mittel war die Sündenwaage. Jeder wußte mehr oder weniger genau, wieviel er wog; das war sein einfach leiblich Gewicht. Ergab sich nun, daß das Aufsetzen einer entsprechenden Anzahl von Steinen außerstande war, das Gleichgewicht der Waage herzustellen, so rührte das von der *Sündenschwere* her, deren Extragewicht durch allerlei Gaben balanciert werden mußte. Waren es Reiche, so traf es sich immer so, daß diese Sündenextraschwere ganz besonders groß war. Unter der Waage nämlich befand sich ein unsichtbar in das Kellergewölbe hinabführender Draht, mit dessen Hilfe man die Waage nachgiebig oder widerspenstig machte. Der Zweck rechtfertigte die pia fraus. Eine vielleicht noch größere Einnahmequelle bildeten die ›bleiernen Hostien‹, die man als »*Pilgerzeichen vom Heiligen Blut*« in Wilsnack kaufen konnte. Der Ertrag, der hieraus floß, war so groß, daß nicht nur die Wilsnacker Wunderblutkirche, sondern auch eine

Prachtkapelle zu Wittstock (wo der Bischof meist residierte) davon bestritten werden konnte, des gleichzeitigen Domumbaus zu Havelberg ganz zu geschweigen. Täuschungen, wie die mit der Sündenwaage, liefen beständig mit unter und in ihrem Gefolge selbstverständlich auch Mißhelligkeiten und Verlegenheiten aller Art. Ein böhmischer Graf, der eine lahme Hand hatte, weihte genesungshalber dem Wunderblut eine silberne Hand, ohne daß die Weihgabe helfen wollte. Trotzdem wurde gepredigt, die silberne Hand *habe* geholfen, welcher Lug und Trug freilich auf der Stelle bestraft wurde. Denn der Kranke, den man irrtümlich abgereist glaubte, hatte Wilsnack noch nicht verlassen und hob, als er die Lüge hörte, seine lahme Hand auf, um sie dem Volk unter Verwünschungen zu zeigen.

Aber solche Verlegenheiten, so viel ihrer sein mochten, erfuhren immer rasch ihren Ausgleich. Ein von Wenckstern auf Lenzerwische hatte das Wunderblut verspottet und erblindete. Zitternd kam er, seine Sünde zu beichten und seinen erneueten Glauben zu bekennen, und in derselben Stunde kehrte dem Reumütigen das Augenlicht zurück. Unter allen Umständen aber, und das war die Hauptsache, setzten sich die Wallfahrten fort, die, soweit sie von Süden und Westen kamen, an Burg Quitzöwel vorüber mußten und das Ihrige dazu beitrugen, das ohnehin bewegte Leben daselbst immer bunter und anregender zu gestalten.

*) Diese drei Wunderbluthostien blieben der Wilsnacker Kirche bis 1552 erhalten, in welchem Jahre sie der erste lutherische Geistliche, Johann *Ellefeld*, als Teufelswerk und papistischen Unfug verbrannte. Von seinem Standpunkt aus mit Recht; heute freilich würden uns die drei Hostien als »historisches Kuriosum« aufrichtig interessieren. Zugleich mit ihnen (den Hostien) ist vieles aus der alten Wunderblutzeit zerstört worden, anderes dagegen hat sich bis in unsere Tage hinein gerettet, darunter ein etwa zwanzig Fuß hoher Leuchter, der das Opferlicht der ungrischen Pilger zu tragen pflegte, die holzgeschnitzte buntfarbige Statue des Bischofs Wepelitz, die Sündenwaage, vor allem das ausgebrannte Kirchlein selbst, dessen bei der Zerstörung von 1383 stehengebliebene Feldsteinwände beim Bau der Neukirche mit in diese hineingezogen und zur *Wunderblutkapelle* hergerichtet wurden. Alle diese Dinge sind historisch interessant, ohne künstlerische Bedeutung beanspruchen zu können. Von künstlerischer Bedeutung ist nur *eins*: ein kleiner bronzener Klappaltar (Bestimmung unbekannt), hinsichtlich dessen Professor Bergau darauf drang, daß er aus der Kirche, darin er sich befand, in die Sakristei genommen werde, weil sonst der Tag zu berechnen sei, wo dies bemerkenswerte Kunstwerk, Rarität und Bijou zugleich, der Leidenschaft eines Kunstenthusiasten zum Opfer fallen müsse.

Birken in der Nähe des Werbellinsees

Jüterbog

»Ehrlich ist der Märker, aber schrecklich. Und daß gerade ich ihn habe verherrlichen müssen!«
Fontane an seine Tochter, 23.09.1895[1]

Zwei Jahre nach dem Erscheinen des ersten Bands beschreibt Fontane gegenüber Ernst von Pfuel das Anliegen seiner Wanderungen: *»Es ist alles auf ein* Ganzes *hin angelegt, auf die Beweisführung: auch im märkischen Sande flossen und fließen überall die Quellen des Lebens, und jeder Fußbreit Erde hat seine Geschichte und erzählt sie auch – man muß nur willig sein, auf die oft leisen Stimmen zu lauschen. Die zwei Bände, die bis jetzt erschienen sind, lassen das, worauf es ankommt, erst erraten: die Belebung des Lokalen, die Poetisierung des Geschehenen, so daß (ganz wie es am Rhein, in der Schweiz, in Schottland und an vielen Orten ist) in Zukunft jeder Märker, wenn er einen märkischen Orts- oder Geschlechtsnamen hört, sofort ein* bestimmtes Bild *mit diesem Namen verknüpft, was jetzt gar nicht oder doch nur in einer prosaisch-häßlichen Weise der Fall ist. Wenn jetzt ein Berliner die Namen Strausberg, Ruppin, Spandau, Kyritz hört, so tritt nur Häßliches und Komisches vor ihn hin – die Zucht- und Irrenhäuser leben in seiner Phantasie, nicht die historischen Häuser oder Gestalten dieser Städte.«*[2]

Der märkische Land- und Landesadel war Fontanes zentraler Stoff in den Wanderungen. Er war zugleich auch – in Person der zahlreichen Gutsbesitzer, die Fontane auf seinen Reisen aufsuchte – sein wichtigster Informant. Ihm wie auch den beiden anderen Hauptgruppen seiner ›Mitarbeiter‹, den Pastoren und den Lehrern auf dem Lande, zollt er ausführlich Dank im Schlußwort zum Spreewald-Band. Freilich hat sich Fontane auf seinen Wanderungen nicht allein auf seine Gewährsmänner vor Ort oder auf das Fachwissen der Mitreisenden verlassen. Zur Reisevor- und -nachbereitung gehörte gezielte Lektüre, wobei es häufig nicht die historischen und landeskundlichen Standardwerke waren, aus denen er den größten Vorteil zog, sondern die *»unbekannten kleinen Broschüren* [...], *die, von einem Nichtschriftsteller geschrieben, in Rhinow oder Rathenow, Preis 50 Pf., erschienen waren.«*[3] Beinahe über drei Jahrzehnte währte die Zeit von Fontanes Wanderungen durch die Mark Brandenburg. Häufig trat er die Reise gemeinsam mit seinen Freunden oder Informanten an, etwa mit dem Schriftsteller Bernhard von Lepel (1818–1885), mit seinem Verleger Wilhelm Hertz (1822–1901), dem Sagenforscher Wilhelm Schwartz (1821–1877) oder dem Kunsthistoriker Wilhelm Lübke (1826–1893).

Verfolgt man Fontanes Korrespondenz mit seinem Verleger über die Jahrzehnte, wird deutlich, daß sich das Verhältnis der beiden zueinander mit dem wachsenden Erfolg der WANDERUNGEN umkehrt. Ist es zunächst der Autor, der zuweilen mit höflicher Vorsicht und umständlichen Verbeugungen vor den Zwängen des Marktes seinen Verleger davon überzeugen muß, einen neuen Band oder eine weitere Auflage zu drucken, drängt schon bald jener seinen Autor, die erfolgreichen WANDERUNGEN fortzusetzen. Geld spielt von Anfang an eine wichtige Rolle. Für die ersten drei Jahre seiner Wanderungen erhält Fontane eine Unterstützung durch das Ministerium der Geistlichen Angelegenheiten in Preußen[4]. Um höhere Einkünfte für die zeitaufwendig recherchierten Essays zu erzielen, bemüht sich Fontane um den Vorabdruck der Beiträge, der zuweilen nur wenige Wochen vor der Drucklegung im Buch erfolgt. Einen Begriff vom Ablauf seiner Erkundungsreisen gibt der Brief, den Fontane am 30. Juni 1862 an seine Frau schreibt: »Mittwoch d. 25! *Um 5 mit dem Dampfschiff von Frankfurt bis Schwedt. Reizende Fahrt. Etwas windig aber sehr angenehm. In Schwedt zu Tisch. Besuch von Schloß und Park. Nach Angermünde und Neustadt-Eberswalde. Nachtquartier. Ausgeschlafen. (Die einzige Nacht während der ganzen Woche wo ich wirklich ordentlich geschlafen habe, sonst immer Nachtfahrten und Sopha-Nicken.)*«[5] 1891 ist es mit dem Reisen endgültig vorbei: »*das sich Einlogieren auf den Edelhöfen hat mit 72 doch sein Mißliches und Genierliches*«[6], notiert Fontane in seinem Tagebuch.

Als Rudolf Hacke im Sommer 1912 mit seiner Platten-Kamera durch Brandenburg wanderte, um im Auftrag der C. Wellerschen Verlagsanstalt in Berlin die ersten Farbaufnahmen von Sehenswürdigkeiten in der Mark zu machen, war zum Teil ein halbes Jahrhundert vergangen, seitdem Fontane dieselben Orte bereist hatte. Viel hatte sich in diesen fünfzig Jahren verändert: Die preußische Provinz Brandenburg war zum Kernland des Deutschen Reichs geworden, Berlin – seit 1881 aus dem Kommunalverband ausgegliedert, aber noch bis 1920 Bestandteil der Provinz Brandenburg – hatte sich zum wichtigsten Industriezentrum in Deutschland entwickelt, das Streckennetz der Eisenbahnen war deutlich verdichtet, und zumindest die größeren Orte waren mit Elektrizität versorgt worden. Doch von alledem ist auf Hackes Fotos wenig zu sehen. Die Aufnahmen von Rudolf Hacke, die uns heute als seltenes Zeitzeugnis berühren, stellten schon zur Zeit ihrer Entstehung einen Anachronismus dar. Die Frage nach dem

Grund für diesen paradoxen Umstand lenkt den Blick auf die Inszenierungsabsicht des Fotografen, die sich wiederum aus ganz unterschiedlichen Quellen speist – aus biographischen wie zeittypischen.

Rudolf Hacke (1881–1953), Landschafts-, Porträtmaler und Graphiker, war Schüler an der Berliner Akademie und ging später nach Dresden. 1918 heiratete er die Tochter eines Gutsbesitzers in Seitendorf in Schlesien und schuf hier, in der Abgeschiedenheit des Bober-Katzbachgebirges, in den Jahren bis zur Vertreibung sein künstlerisches Hauptwerk. Nachdem er bereits seit 1910 auf größeren Kunstausstellungen in Berlin und Dresden vertreten war, stellten sich in den zwanziger Jahren erste Erfolge ein: die Berliner Nationalgalerie und die Albertina in Wien kauften Werke des Malers an. 1935 wurde er mit der Medaille der Stadt Breslau ausgezeichnet, 1937 erhielt er den Niederschlesischen Kunstpreis. Anerkennung fand Hacke daneben mit seinen graphischen Arbeiten, vor allem mit seinen Kupferstichen. In seiner neuen Heimat Schleswig-Holstein konnte der über sechzigjährige Maler keine Wurzeln mehr fassen. Ausstellungen und neue Anerkennung – 1951 fand eine große Personalausstellung im Städtischen Museum in Flensburg statt – konnten den Verlust eines Großteils seines Werkes in den Wirren der letzten Kriegswochen nicht wettmachen. Im heute polnischen Schlesien ist der Künstler in jüngster Zeit wiederentdeckt und mit einer Ausstellung geehrt worden.

Hackes Ausflug in die Welt der Farbfotografie blieb – besehen auf seine künstlerische Biographie – eine Episode. Deutlich ist den Farbfotografien der Einfluß anzusehen, den die ästhetische Perspektive des Malers auf die Motivwahl und Komposition der Aufnahmen genommen hat. Gewiß spielte bei der Wahl der Motive auch der Pioniercharakter des Mediums Farbfotografie eine Rolle, die Lust am Experiment. Dabei war die Farbfotografie, sowenig sie bis dahin auch Verbreitung gefunden hatte, 1913 ihrem experimentellen Stadium längst entwachsen. Bereits 1861 wurden unter Anleitung von James Clerk-Maxwell Farbaufnahmen hergestellt, die aus drei schwarz-weißen Teilbildern bestanden. Diese Teilbilder waren jeweils durch einen roten, blauen und grünen Farbfilter aufgenommen worden. Ebenso verfuhr 1869 Louis Ducos du Hauron, der die drei Teilbilder mit farbigen Folien vor einem weißen Hintergrund übereinandermontierte. Aus dieser Zeit sind die ersten Farbfotos erhalten, etwa eine Ansicht der westfranzösischen Stadt Angoulême (1877). Allerdings war das sukzessive Belichten von drei Platten sehr aufwendig. Die umständliche Präsentationsform der Fotos und die fehlende Möglichkeit, sie zu reproduzieren, behinderten zusätzlich die Verbreitung des Verfahrens. Ziel mußte es sein, die Filter für die drei Grundfarben direkt auf die Platte oder den Film zu bringen. Dies gelang den Brüdern Auguste und Louis Lumière 1904 mit ihren Autochrom-Platten. Sie nutzten winzige farbige Stärkepartikel als Filter, die auf eine Glasplatte aufgebracht wurden. Bereits ab 1907 sind diese – freilich immer noch sehr teuren – Farbfotoplatten industriell hergestellt und kommerziell vertrieben worden. Auch Rudolf Hacke nutzte für seine Aufnahmen die Autochrome der Brüder Lumière. Entscheidend für den Erfolg der Erfindung war die Tatsache, daß sich die Positive nunmehr im Druck vervielfältigen ließen.

So schien mit der Farbfotografie endlich die Möglichkeit geschaffen zu sein, die Malerei von dem populären Anspruch zu entlasten, abzubilden, *was wirklich ist.* Damit übernahm die Farbfotografie von der Malerei aber auch den idealistischen Zug, das *Wesenhafte* einfangen zu wollen – *das Dorf* oder *die Landschaft* – jenseits störender Zufälligkeiten, wie sie die moderne Zivilisation hervorbringt. Auf den Fotos von Hacke ist kaum einmal ein rauchender Schornstein, ein Bahnhof oder eine Elektroleitung zu sehen – die Aufnahmen wirken wie Genrebilder aus dem 19. Jahrhunderts. Festgehalten werden sollte das ›Überzeitliche‹, ein gültiges Abbild von Landschaft und Leuten – neuzeitliche Urbanität störte in diesem Konzept. Sicher geht man nicht fehl, diese Romantisierung als Reflex auf die industrielle Umgestaltung der Lebenswelt in der Gründerzeit zu sehen.

Eben daraus erklärt sich, wenigstens zum Teil, auch der Erfolg, der dem Verlag von Carl Weller mit dem Unternehmen beschieden war, die deutschen Landschaften mit Farbfotografien abbilden zu lassen. DEUTSCHLAND IN FARBENPHOTOGRAPHIE hieß die Publikationsreihe, deren erster Band Berlin und der Mark Brandenburg gewidmet war und die in den Jahren bis 1930 auch auf andere Landschaften und Städte ausgedehnt wurde. Nacheinander erschienen Bände über SCHWABEN (1914 bzw. 1924, ebenfalls von Hacke fotografiert), SACHSEN (1916), BAYERN (2 Bde., 1918/19), DAS RHEINLAND (2 Bde., 1921, 1922), SCHLESIEN (2 Bde., 1924), HAMBURG (1927), LÜBECK (1928), BREMEN (1929) und THÜRINGEN (1930). Neben dem eigentlichen Bildband, der Kunstmappe, wurde das landeskundliche Anliegen des Vorhabens durch die kulturgeschichtlichen und geographischen Beiträge in den ergänzenden Textbänden unterstrichen, die gleichfalls eine Reihe von Farbfotos enthielten.

Sieht man von allen persönlichen, zeit- und technikgeschichtlichen Gründen für die Inszenierung der Bildmotive ab – war es nicht wirklich noch die Welt des 19. Jahrhunderts, die Rudolf Hacke fotografierte, dieselbe, die Fontane dreißig oder fünfzig Jahre zuvor gesehen hatte? Gemessen daran, was in den fünfzig Jahren nach 1912 geschah, nehmen sich die Veränderungen in dem halben Jahrhundert davor geringfügig aus. Die Gemetzel zweier Weltkriege waren in jener Zeit ebenso wenig vorstellbar wie das Ausmaß an menschlicher Verheerung, das mit der Herrschaft der totalitären Systemen einherging.

Daß die Entwicklung im 20. Jahrhundert zur staatliche Auslöschung und dann zur jahrzehntelangen Teilung Deutschlands führen würde, hatte auch Fontane nicht voraussehen können, und dennoch registrierte er die Anzeichen, die einen unguten Lauf der Dinge erahnen ließen. Er sträubte sich gegen die Überformung des *Preußischen* durch den deutschen Nationalismus, gegen die Legende von der deutschen Mission Preußens und den zur gehaltlosen Form erstarrten Traditionalismus, zu dessen Sinnbild ihm Potsdam wurde. Nichts ist beredter als das Schweigen Fontanes zur Potsdamer Residenz, die er auf seinen Wanderungen ein ums andere Mal berührte, ohne daß sie ihn je als historisch-literarischen Stoff zur Gestaltung gereizt hätte. In seinen späten Lebensjahren sah Fontane die Auswüchse der Gründerzeit, den Verlust an Solidität in der Politik des Kaiserreichs ebenso wie die Apathie des Adels und dessen Unfähigkeit, über den eigenen Schatten zu springen und sein politisches Überleben durch ein Bündnis mit dem Bürgertum abzusichern. In einem Brief an seinen Verleger Wilhelm Hertz bekennt er seine gemischte Gefühlslage im Hinblick auf den märkischen Adel: »*Die Kerle sind unausstehlich und reizend zugleich.*«[7]

Ein Lebensalter später waren die »unausstehlichen und reizenden Kerle« enteignet und vertrieben, ihre Häuser abgerissen oder dem Verfall preisgegeben, ihr Land an Flüchtlinge oder Landarbeiter verteilt, die es wenig später wieder der Kollektivierung opfern mußten. Ein Drittel der Mark Brandenburg war polnisch geworden, der übrige Teil russisch besetzt und Berlin geteilt. In den Dörfern des Landes, das sich nicht mehr Brandenburg nennen sollte, verdrängten abenteuerliche Theorien und eine vor den örtlichen Gegebenheiten blinde Praxis jene Mischung aus bäuerlicher Erfahrung, gesundem Menschenverstand und wissenschaftlich fundierten Reformen, die das Landleben zuvor regiert hatte. Rinderoffenställe aus Betonplatten und Siloanlagen begannen zunehmend, die alte Kulturlandschaft zu verschandeln. Als Rudolf Hacke 1912 seine Fotos aufnahm, war diese Landschaft noch weitgehend intakt. So gehören die Farbfotos von Hacke zu den letzten Momentaufnahmen aus der Herbst- und Blütezeit einer Epoche, die mit dem Ersten Weltkrieg ihr jähes Ende fand. Was uns in diesen Bildern entgegentritt, ist Fontanes Welt in Farbe.

1) Theodor Fontane, Der Dichter über sein Werk, hrsg. von Richard Brinkmann in Zusammenarbeit mit Waltraud Wiethölter, München 1973, Bd. I, S. 757

2) Fontane an Ernst von Pfuel, 18. Januar 1864, ebenda, Bd. I, S. 573 f.

3) Fontane an Ferdinand Meyer, 17. September 1898, ebenda, Bd. I, S. 823

4) Fontane an Heinrich von Mühler, 2. Dezember 1863, ebenda, Bd. I, S. 854

5) ebenda, Bd. 1, S. 852

6) Fontane, Tagebuch, ebenda, Bd. 1, S. 819

7) Fontane an Wilhelm Hertz, 1. November 1881, ebenda, Bd. I, S. 696

Editorische Hinweise, Rechtsvermerk, Quellennachweis und Anmerkungen

Original-Bildunterschriften der Ausgabe »Die Mark Brandenburg in Farbenphotographie« (1913/1920)

Bildteil (B 1–40)

1. Werbellin
2. Schloß Rheinsberg
3. Lychen
4. Boltenmühle
5. Das Königliche Schloß in Berlin
6. Aus der Umgebung von Freienwalde
7. Der Pechsee im Grunewald
8. Das Stadtschloß in Potsdam
9. Schloß Wiesenburg
10. Sonnenuntergang »Am Tegeler See bei Valentinswerder«
11. Kloster Chorin
12. Jagdschloß Königs-Wusterhausen
13. Havelberg. Der Dom
14. Mädchen aus Ziebingen (Bez. Frankfurt a.O.)
15. Im Fläming bei Trebbin
16. Schloß Sanssouci bei Potsdam
17. Baumblüte in Werder
18. Frankfurt a.O. Abendstimmung
19. Das große Fenster an der Havel b. Wannsee
20. Der Baasee bei Freienwalde a.O.
21. Templin. Das Mühlentor
22. Motiv aus Brandenburg mit der Klosterkirche St. Pauli
23. Der Roland in Perleberg
24. Stift Heiligengrabe
25. An der Wallfahrtskirche in Wilsnack
26. Schloß Boitzenburg
27. Marienkirche in Prenzlau
28. Am Scharmützelsee
29. Schloß Sonnewalde
30. Stift Neuzelle
31. Lagow
32. Kloster Zinna
33. Märkische Schweiz. Schermützelsee
34. Guben
35. Pfarrkirche St. Marien in Landsberg a.W.
36. Zanzhammer im Zanzetal
37. Stadtmauer in Friedeberg i.N.
38. Märkischer Wald
39. Freyenstein
40. Märkische Heide

Bilder im Textteil (T 1–45)

Lychen

Zu den historischen Farbaufnahmen

Die Fotografien von Rudolf Hacke sind zum ersten Mal 1913 in dem Band Die Mark Brandenburg in Farbenphotographie erschienen (hrsg. von Franz Goerke, mit 40 Tafelbildern auf Karton [Bildband] und 45 Textbildern in natürlichen Farben nach Aufnahmen des Kunstmalers Rudolf Hacke und des Photochemikers Julius Hollos, Verlagsanstalt für Farbenphotographie Carl Weller, Berlin). Eine zweite Auflage folgte 1920. Die Fotos aus Bild- und Textband liegen in den zwei Bänden der vorliegenden Ausgabe zum ersten Mal nach 1920 wieder vollzählig reproduziert vor. Die Reproduktion erfolgt mit freundlicher Erlaubnis der Rechtsinhaber.

Da die Originalaufnahmen verschollen sind, wurde als Vorlage für die Reproduktion ein Exemplar der Ausgabe von 1920 verwendet. Die Bildgrößen folgen dem Prinzip dieser Ausgabe.

Zur Textgestalt

Die orthographische Gestalt der Fontane-Texte lehnt sich an die bisher umfänglichste Edition der »Wanderungen« an, auf die sich zum großen Teil auch die editorischen Hinweise und die Kommentierung stützen [7 Bände, hrsg. von Gotthard Erler u. Rudolf Mingau, sowie ein Registerband, bearbeitet von Rita Reuter, Große Brandenburger Ausgabe, Aufbau Verlag, Berlin 1997].

Die Bildunterschriften aus der Bildvorlage sind teilweise um zusätzliche Informationen zum Motiv ergänzt worden. Die Schreibweise der Ortsnamen folgt dem heute üblichen Gebrauch.

Kürzungen innerhalb eines Abschnitts sind mit Auslassungspunkten in eckigen Klammern markiert. Auf Kürzungen am Anfang oder am Ende von Textpassagen wird im entsprechenden Textnachweis hingewiesen. Wenn Fußnoten aus dem Originaltext getilgt wurden, ist dies ebenfalls dort vermerkt. Die Referenzangaben beziehen sich auf die oben genannte Ausgabe der Wanderungen. Außerdem wird die Quelle der für die einzelnen Textteile verwendeten Fotos angegeben, wobei die Abbildungen für den Bild- und den Textteil der Vorlage getrennt durchnumeriert sind [B 1–40 bzw. T 1–45]. Die Original-Bildunterschriften sind auf den vorangehenden Seiten abgedruckt.

Statt eines regelrechten Vorwortes ...

Bei dem Text handelt es sich um das Vorwort zur zweiten Auflage des ersten Wanderungen-Bandes, der erstmals unter dem Einzeltitel Die Grafschaft Ruppin, 1864 erschien. Die Auslassungspunkte in der Titelzeile sind im Original nicht vorhanden.

[I, 5 ff.] [B 31]

»*Vetturinen*« – Mietkutscher

Die Märker und die Berliner und wie sich das Berlinertum entwickelte

Der Essay wurde erstmals und das einzige Mal zu Lebzeiten Fontanes im Deutschen Wochenblatt vom 21. November 1889 gedruckt. [VI, 559–573] [B 5, B 9, B 16, B 22, B 27, T 1, T 12, T 14, T 24, T 28]

»*Gould oder Vanderbilt*« – die Namen der Großindustriellen Jay Gould und Cornelius Vanderbilt galten, wie in späteren Zeiten der Name Rothschild, als Synonyme für unermeßlichen Reichtum

»*der jüngere Fouqué*« – gemeint ist der Dichter Friedrich de la Motte Fouqué (1777–1843)

»*philosophische Königin*« – Sophie Charlotte, die Frau Friedrichs I., von der die Gründung der Preußischen Akademie der Wissenschaften angeregt wurde

»*Pontacnasen*« – vom Weingenuß gerötete Nase

»*Reparti*« – schlagfertige Erwiderung

»*draußen bei Liesens*« – das Liesensche Lokas im Berliner Norden (heute Liesenstraße)

»*Beckmann war ein Gott*« – Friedrich Beckmann (1803–1866), Autor der Posse Eckensteher Nante im Verhör (1833)

Das Belvedère im Schlossgarten zu Charlottenburg

Als Vorabdruck erschien der hier leicht gekürzt wiedergegebene Text ab Juni 1872 in der Vossischen Zeitung, als Buchkapitel erstmals in der Erstausgabe des dritten Bands der Wanderungen, Ost-Havelland, im Oktober 1872. [III, 183-188] [T 20]

Die Pfaueninsel

Wann der Aufsatz entstand, ist nicht mehr nachweisbar. Ein Vorabdruck erschien im Juni 1872 in der Vossischen Zeitung, als Buchkapitel wurde er von Fontane in den Band Ost-Havelland (1873) eingegliedert. Die hier abgedruckten Passagen stehen in den Unterkapiteln Die Pfaueninsel bis 1685 und Die Pfaueninsel unter Friedrich Wilhelm III. 1797–1840. [III, 199; 202–205] [T 4]

»Damen aus der Schule der Laïs« – etwa: Damen von Halbwelt. Die durch eine pro-forma-Heirat zur Gräfin Lichtenau erhobene Wilhelmine Encke war eine der Mätressen des Königs.

»Kopisch« – Fontane bezieht sich auf das Buch Geschichte der königlichen Schlösser und Gärten zu Potsdam (1854) des Balladendichters, Malers und Kunstschriftstellers August Kopisch (1799-1853).

Am Wannensee

Fontane besuchte den Großen Wannsee am 1. Oktober 1861 gemeinsam mit seinem Verleger Wilhelm Hertz. Der Aufsatz erschien – zu Lebzeiten Fontanes das einzige Mal – im Dezember 1861 in der Kreuz-Zeitung. [VI, 254–258] [B 7, B 19, T 8]

Das Schildhorn bei Spandau

Fontane besuchte das Schildhorn am 28. April 1860. Der hier gekürzt wiedergegebene Aufsatz erschien zuerst im Morgenblatt für gebildete Leser vom 19. August 1860. In Buchform ist er in der ersten Auflage des ersten Bands der Wanderungen erschienen. Im Zuge der inhaltlichen Profilierung der Einzelbände entfernte Fontane den Aufsatz für die zweite Auflage wieder.
[VI, 31–36] [T 44]

»Das Haupt Tschechs fiel« – Der Storkower Bürgermeister Heinrich Ludwig Tschech wurde im Dezember 1844 wegen eines Attentatsversuchs auf Friedrich Wilhelm IV. in Spandau hingerichtet.

Das Wesen der Potsdamme

Fontane hat sich auffallend selten zu Potsdam als Stadt und Lebensform geäußert. Die hier abgedruckte Stelle findet sich versteckt im letzten Kapitel des Buchs Aus den Tagen der Okkupation. Eine Osterreise durch Nordafrika und Elsass-Lothringen (1871). [Aus den Tagen der Okkupation. Eine Osterreise durch Nordafrika und Elsass-Lothringen, Band II. In: Theodor Fontane. Sämtliche Werke, Aufsätze, Kritiken, Erinnerungen, 4. Band, Autobiographisches, hrsg. von Walter Keitel, München 1973, S. 1011] [B 8]

Werder. Die Insel und ihre Bevölkerung

Der Aufsatz erschien als Vorabdruck ab Juni 1872 in der Vossischen Zeitung und als Buchkapitel erstmals in der Erstausgabe des dritten Bands der Wanderungen, Ost-Havelland, im Oktober 1872. In der Buchausgabe lautet die ergänzende Kapitelüberschrift: Die Insel und ihre Bevölkerung. Stadt und Kirche. ›Christus als Apotheker‹«. Das Buchkapitel wurde um den Teil »Stadt und Kirche. ›Christus als Apotheker‹« gekürzt. [III, 444–447] [B 17]

Es möchte sich niederneigen – Das Schloss am Meere, Str. 2

»I do remember …« – Romeo und Julia, V, 1

»in einem 1784 erschienenen Buche« – Ferdinand Ludewig Schönemann, Diplomatische und topographische Geschichts-Beschreibung der kurmärkischen Mediat-Stadt Werder, Potsdam 1784

Der Triglaw-Tempel in Brennabor

Die hier abgedruckte Passage ist Teil des Kapitels Die Wenden in der Mark. Die Vorarbeiten und die Niederschrift des Aufsatzes reichen in die Jahreswende 1862/63 zurück. Vorabgedruckt wurde der Text im Oktober 1867 im Wochenblatt der Johanniter-Ordens-Ballei Brandenburg, als Buchkapitel erschien er zuerst 1873 im dritten Band der Wanderungen (Ost-Havelland). Die Überschrift für die Passage wurde vom Herausgeber gewählt. [III, 32 f.] [T 21, T 31]

»Radegast« – oberste Gottheit der Wenden, auch als Kriegsgott verehrt

»in Brennabor ein Tempel errichtet« – nach der zweiten Eroberung Brandenburgs durch die Deutschen (zwischen 1150 und 1157) wurde der Tempel vernichtet

Die Zisterzienser in der Mark

Fontane hat den hier gekürzt abgedruckten Aufsatz im längeren zeitlichen Abstand im Januar und im November 1863 niedergeschrieben. Im Mai 1864 wurde der Text im Wochenblatt der Johanniter-Ordens-Ballei Brandenburg vorabgedruckt, in Buchform erschien er erstmals im dritten Band der Wanderungen, Ost-Havelland (1873). [III, 40-43] [B 24, B 30, B 32, T 25, T 37, T 45]

»Abbé Ratisbonne« – Marie Théordore Ratisbonne, Histoire de Saint Bernard et de son siècle, 5e éd., 2 Teile, Paris 1864

Kloster Lehnin, wie es war und wie es ist

Fontane besuchte im Oktober 1863 Kloster Lehnin und unternahm im Folgemonat eine zweite Reise dorthin, diesmal mit seinem Freund Bernhard von Lepel. Der Aufsatz wurde im Mai 1864 im Wochenblatt der Johanniter-Ordens-Ballei Brandenburg vorabgedruckt. Kloster Lehnin, wie es war und wie es ist ist ein hier gekürzt wiedergegebenes Unterkapitel des Buchkapitels, das erstmals im Band Ost-Havelland (1873) erschienen ist. [III, 71-73; 74 f.] [T 36]

»Kapellen/Das Schiff umstellen« – die Verse stammen von Fontane

»Nach Waltham-Abtei hierher alsdann« – ROMANZERO, Erstes Buch, SCHLACHTFELD BEI HASTINGS, Str. 15

KLOSTER CHORIN, WIE ES IST

Fontane besuchte Anfang November Chorin und schrieb den Aufsatz in den Wintermonaten 1863/64. Der erste Vorabdruck erfolgte im September 1867 im WOCHENBLATT DER JOHANNITER-ORDENS-BALLEI BRANDENBURG. In Buchform erschien das Kapitel in überarbeiteter Fassung erstmals in der zweiten Auflage des HAVELLAND-Bandes. Die für den vorliegenden Band gewählte Passage ist mit dem Unterkapitel KLOSTER CHORIN, WIE ES WAR des Originalkapitels identisch. [III, 97 f.] [B 11, B 38]

TREBBIN

Fontane hat Trebbin vermutlich Ende der sechziger Jahre besucht, im Juni 1872 erschien der Vorabdruck unter dem Titel TREBBIN UND WILHELM HENSEL in den Sonntagsbeilagen der VOSSISCHEN ZEITUNG, im Oktober 1872 als Buchkapitel in der Erstausgabe des Bands OST-HAVELLAND. Das Kapitel diente als Einleitung zu einem biographischen Text über Wilhelm Hensel. Die Eingangspassage sowie der letzte Satz, in dem dieser Aufsatz angekündigt wird, sind in der vorliegenden Ausgabe getilgt worden. [IV, 419–422] [B 15]

»Und ein Haus mit Giebelspitzen« – George Hesekiel, OUT-OF-THE-WAY-PLACES, Vers 85-91

DIE MARK UND MÄRKISCHE KRIEGSOBERSTE ZUR ZEIT DES DREISSIGJÄHRIGEN KRIEGS

Der Aufsatz ist wahrscheinlich zu Anfang des Jahres 1862 entstanden und wurde im Mai 1862 im MORGENBLATT FÜR GEBILDETE LESER erstmals gedruckt. In erweiterter Fassung ist der Text zu Lebzeiten Fontane noch zwei Mal erschienen, im Dezember 1872 in der VOSSISCHEN ZEITUNG und im Juli 1873 im WOCHENBLATT DER JOHANNITER-ORDENS-BALLEI BRANDENBURG. [VI, 259; 263 f.] [B 26]

GRANSEE

Der Aufsatz entstand nach der Ruppin-Reise vom 16. bis 29. September 1873 und wurde im Juli 1874 in der VOSSISCHEN ZEITUNG vorabgedruckt. Im Folgejahr erschien er erstmals in Buchform in der dritten Auflage der »GRAFSCHAFT RUPPIN«.[I, 503; 507 f.] [T 29]

»Die Trauerglocke läutet« – Friedrich de la Motte Fouqué, BRANDENBURGISCHES ERNTELIED, Str. 3

»Steig auf die Warte dort, die nach dem Feld« – Schiller, DIE JUNGFRAU VON ORLEANS, V, 11

LINDOW

Fontane besuchte Lindow in der Zeit vom 16. bis 29. September 1873. Der Vorabdruck erfolgte im Juli 1874 in der VOSSISCHEN ZEITUNG, als Buchkapitel erschien der Text erstmals in der dritten Auflage von DIE GRAFSCHAFT RUPPIN 1875. [I, 499-502] [T 13]

»Wie seh ich, Klostersee, dich gern!« – die Verse stammen wahrscheinlich von Fontane

Unsere Ruppiner Tage

Die Passage findet sich in Fontanes autobiographischem Werk Meine Kinderjahre [1894] in dem Kapitel Gascogne und Cevennen, Französische Vettern, Unsere Ruppiner Tage. Der Text wurde um eine im Ursprungstext vorhandene Fußnote gekürzt. [Theodor Fontane, Sämtliche Werke, Aufsätze, Kritiken, Erinnerungen, 4. Band, Autobiographisches, hrsg. von Walter Keitel, München 1973, S. 21 ff.] [T 10, T 30]

Zwischen Zermützel- und Tornow-See

Das Kapitel ist im Anschluß an Fontanes Ruppin-Reise vom 16. bis 29. September 1873 entstanden und wurde im Februar/März 1874 in der Illustrierten Frauen-Zeitung. Ausgabe der Modenwelt mit Unterhaltungsblatt vorabgedruckt. In Buchform erschien der Aufsatz, der hier gekürzt wiedergegeben wird, erstmals in der dritten Auflage der Grafschaft Ruppin (1875). [I, 343 ff.] [B 4, T 7]

Das Schloss in Rheinsberg. Anblick vom See aus.

Die hier abgedruckte Passage ist Teil des Unterkapitels Das Schloss in Rheinsberg. Anblick vom See aus. Die Zimmer des Kronprinzen. Die Zimmer des Prinzen Heinrich. Die Rheinsberg-Aufsätze schrieb Fontane nach einer Reise im September 1859. Noch bevor der Text als Unterkapitel im ersten Band der Wanderungen (1862) erschien, wurde er als dritter von vier Märkischen Bildern im November 1859 in der Kreuz-Zeitung abgedruckt. [I 274; 276–279] [B 2, T 26]

»Chambre-garnie« – (frz.) möbliertes Zimmer

»Zitzgardinen« – Gardinen aus farbigem Kattun

Das Wunderblut zu Wilsnack

Fontanes besuchte Wilsnack (heute Bad Wislnack), Quitzöwel (heute Quitzöbel) und Rühstadt Ende Mai 1887. Bereits im Oktober des gleichen Jahres wird der ›Quitzöwel‹-Aufsatz in der Zeitschrift Zur guten Stunde vorabgedruckt. Im Oktober des Folgejahres erscheint der Text in Fünf Schlösser. Altes und Neues aus Mark Brandenburg erstmals in Buchform. Die eigentliche Überschrift des hier auszugsweise wiedergegebenen Kapitels lautet Dietrich und Johann von Quitzow im väterlichen Haus bis 1385. [V, 18 f.] [B 25, T 5]

»pia fraus« – (lat.) frommer Betrug

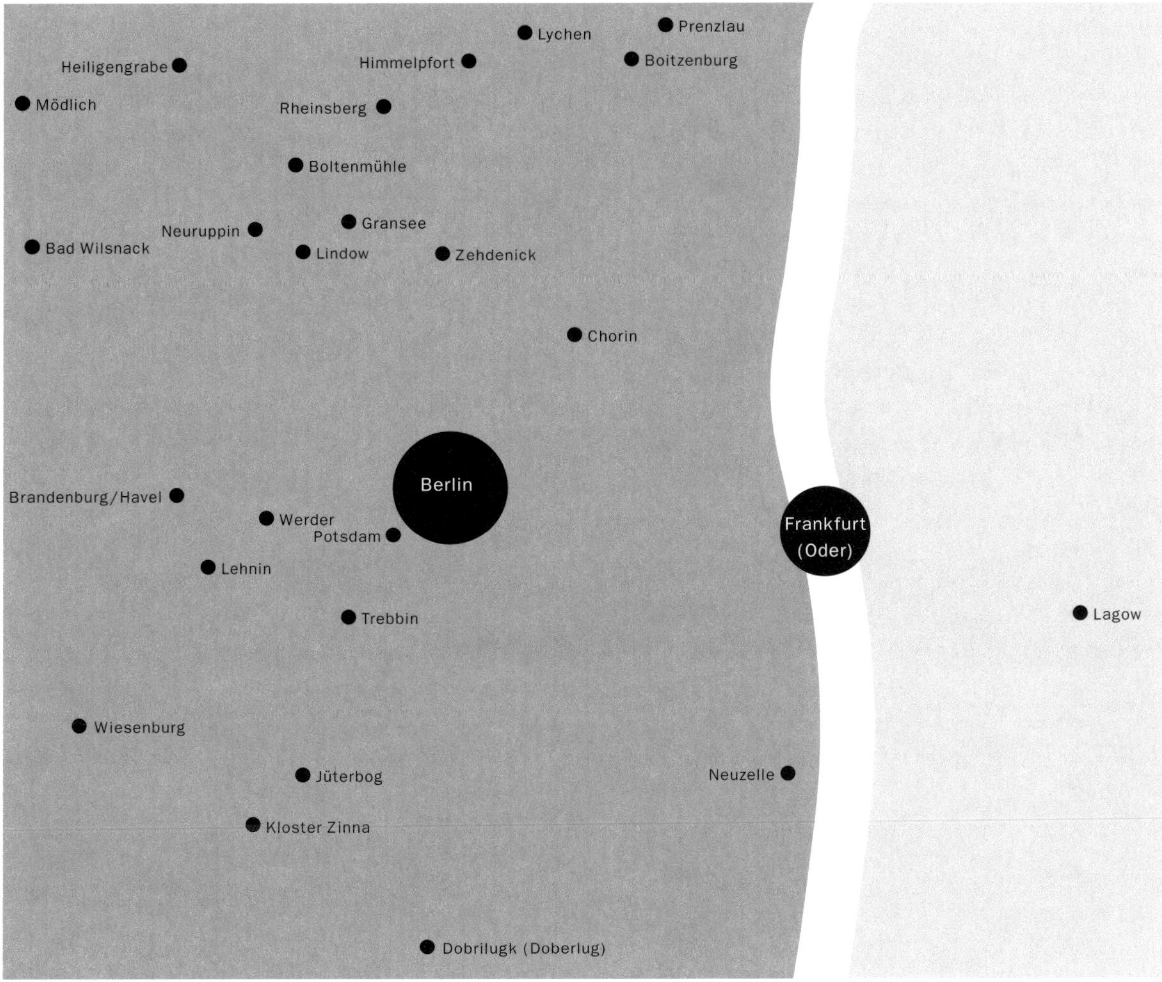
Lychen
Prenzlau
Heiligengrabe
Himmelpfort
Boitzenburg
Mödlich
Rheinsberg
Boltenmühle
Neuruppin
Gransee
Bad Wilsnack
Lindow
Zehdenick
Chorin
Berlin
Brandenburg/Havel
Werder
Potsdam
Frankfurt (Oder)
Lehnin
Trebbin
Lagow
Wiesenburg
Jüterbog
Neuzelle
Kloster Zinna
Dobrilugk (Doberlug)

Ortsregister

Impressum

Herausgeber:
Peter Walther, Geschäftsstelle Märkische Dichterlandschaft, Potsdam

Der Herausgeber dankt Klaus-Peter Möller und Peter Schaefer
vom Theodor-Fontane-Archiv Potsdam für ihre freundliche Unterstützung.

Fotografien:
Rudolf Hacke. Abdruck in dieser Ausgabe mit freundlicher Genehmigung der Erben von Rudolf Hacke.

Titelbild: Das Große Fenster an der Havel bei Wannsee

Gestaltung und Satz: Betina Müller, Potsdam
aus Elega BSK regular, italic und smallcaps und ITC Franklin Gothic book

Lithografie: NovaConcept, Berlin

Druck: Heenemann, Berlin
auf Gardapat 13 von SchneiderSöhne und F-Color Colonial von Gebr. Schabert

Weiterverarbeitung: Lüderitz und Bauer, Berlin

ISBN 3-930752-28-X